HIN / KAMPA / DE BRUIJN

FANCYWORK

FLORIS HIN / THEO KAMPA / WIM DE BRUIJN

FANCYWORK

EINE PRAKTISCHE ANLEITUNG

DELIUS KLASING VERLAG

Die Deutsche Bibliothek – CIP-Einheitsaufnahme

Fancywork: eine praktische Anleitung / Floris Hin; Theo Kampa; Wim de Bruijn. – Bielefeld: Delius Klasing, 1994
ISBN 3-7688-0858-0
NE: Hin, Floris; Kampa, Theo; Bruijn, Wim de

ISBN 3-7688-0858-0

Text: Floris Hin
Fotos: Theo Kampa
Einbandgestaltung: Buchholz/Hinsch/Hensinger, Hamburg
Layout: Studio Evers, Haarlem
Printed in Italy 1994

INHALT

VORWORT

Zierknoten dienen – wie das Wort sagt – als Zierde und nicht einem besonderen Zweck. Man macht sie ihrer Schönheit willen, als Verzierung. Manchmal haben Zierknoten aber auch eine besondere Funktion, wie z.B. der Stopperstek oder eine Bekleedung mit Takelgarn. Der Zierknotenmacher selbst betrachtet heute – ebenso wie die Matrosen an Bord der großen Windjammer vor vielen Jahrzehnten – seine Tätigkeit wohl mehr als angenehmen Zeitvertreib.

In meinem ersten Buch erwähnte ich die Plastik „Einfacher Knoten“ von Tajiri, die im Einkaufszentrum Hoog Catherijne in Utrecht steht und die mich schon vor Jahren sehr beeindruckt und angeregt hat. Seitdem finde ich größten Gefallen daran, mit Hilfe der einfachsten Knoten etwas Ästhetisches und Kunstvolles zu schaffen. Nicht die Komplexität eines Knotens ist ausschlaggebend für seine Schönheit, sondern die Ausstrahlung seiner Schlichtheit. Fancywork als künstlerische Tätigkeit sollte immer nach dem Motto verfahren: Zierknotenmachen ist eine Tätigkeit, bei der das Tun wichtiger ist als ein vorgefaßtes Ziel.

LEITFADEN

Jeden Knoten, den man anfertigt, kann man um einen festen Gegenstand herumlegen. Nach den ersten Versuchen entdeckt man schon bald, daß Knotenmachen eine Beschäftigung ist, die leicht von der Hand geht und nicht allzuviel von einem verlangt, da nämlich fast alle Knoten aus lediglich zwei Grundknoten gebildet werden und daß all die vielen reizvollen anderen Knoten aus der Kombination dieser beiden Grundknoten entstehen.

URSPRUNG DES FANCYWORKS

Wie all die Knoten entstanden sind und warum es so viele gibt, wird wohl immer ein Geheimnis bleiben. In vielen Fällen hat wahrscheinlich ein gewitzter Seemann einem ihm nicht gelungenen Knoten mit ernster Miene einen neuen Namen gegeben und darauf bestanden, dieser Knoten sei der einzig richtige an der bestimmten Stelle in der Takelage. Da er zudem ein geschickter Plauderer war und großen Einfluß besaß, akzeptierte man vermutlich seine neueste Entdeckung und wandte sie an.

In den alten klassischen Seehandbüchern findet man nur ein paar Knoten, die heute bereits als Zierknoten bezeichnet werden. Man muß sich die Frage stellen, ob all die „neuen" Knoten – wie eben beschrieben – zur Zeit der großen Seefahrt von den Taklern kritiklos übernommen wurden. Vermutlich haben die Männer, die für die Takelage verantwortlich waren, sich nicht mit allzu komplizierten Knoten aufhalten lassen. Ihre Arbeit war eh schon aufreibend genug.

ZIERKNOTEN IN ALTEN SEEHANDBÜCHERN URSPRUNG DES FANCYWORKS

Man kann nicht genau feststellen, wann Zierknoten zum ersten Mal erwähnt werden. Die erste mir bekannte Quelle mit Zeichnungen über Takeln, Knoten und Spleißen stammt aus dem Jahre 1792, nämlich „Steels Elements of Mastmaking, Sailmaking and Rigging". Auf zwei Tafeln und mit Hilfe einiger kurzer Beschreibungen lernt man den Stopper Knot, Single Wall Knot, Double Wall Knot, Crowning, Tack Knot, Single und Double Diamond Knot, Spritsail Sheet Knot und den Shroud Knot. Außerdem wird Netting, Matting und Platting behandelt. Man könnte diese Knotenreihe als die Entstehung des Fancyworks bezeichnen. Fast gleichzeitig veröffentlichte J. H. Röding im Jahre 1793 sein aus vier Bänden bestehendes

„Allgemeines Wörterbuch der Marine“. Von ihm lernen wir den Wandknopf, Schauermannknopf, Schildknopf und den Doppelten Schildknopf. Es liegt auf der Hand, daß beide Autoren einander im Auge behielten. Schließlich komme ich auf den Niederländer Pieter Lecomte, der 1842 das Buch „Praktische Seefahrtskunde und Theoretische Kenntnisse für Handel und Schiffahrt“ herausgab. Darin findet man folgende Beispiele: Einfacher Stopperknoten, Doppelter Stopperknoten, Kreuzknoten, Schauermannsknoten (auch Taljereep oder Stopperstek genannt), Fallreepsknoten, Englischer Wantknoten (Abb. 1a, 1b), Stopperknoten mit doppeltem Kreuzknoten (Abb. 2a, 2b, 2c), Schotknoten für den Blinden (Abb. 3), Diamantknoten (Abb. 4), Stopperknoten (Abb. 5), Türkischer Bund (Abb. 6a, 6b, 6c), Zeising aus Gewöhnlicher Platting (Abb. 7a, 7b), Serving aus Französischer Platting (Abb. 8), Gewöhnliche Platting (Abb. 9) und Französische Platting (Abb. 10). Schließlich zitiere ich aus dem Buch „Leitfaden für den Unterricht in der Seemannschaft“ aus dem Jahre 1935 von Kapitän Th. Bothman: „Das Ende eines jeden Taues muß gegen

1a

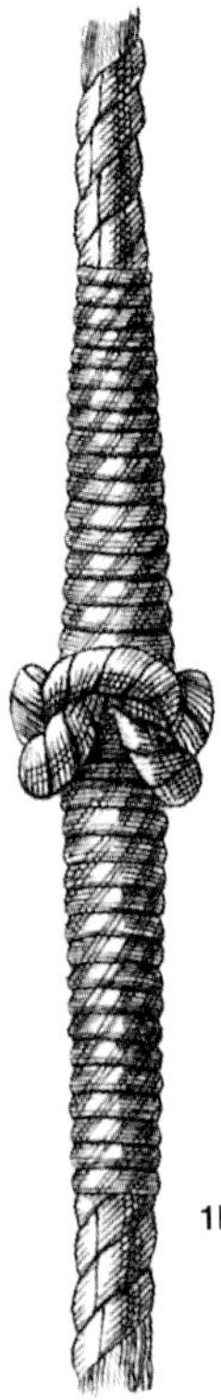

1b

2a

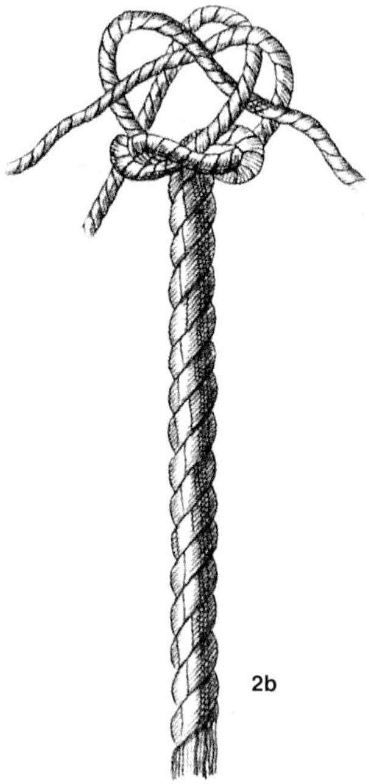

2b

Ausrappeln gesichert sein. Die allgemeine Methode dieser Sicherung ist das Aufsetzen eines Taklings. Früher wurden häufig die Enden einer Trosse durch allerlei Knoten, Plattings oder Pünte gesichert. Heute sind solche „fanch"-Arbeiten, wie der Seemann sie nannte, nicht mehr üblich, und es seien aus diesem Grunde nur einige alte Knoten bildlich dargestellt: Wal- oder Putzenknoten (Schauermannsknoten), doppelter Wal- oder Putzenknoten, Kronen- oder Fallreepsknoten, Einfacher oder Doppelter Diamantknoten, die Verbindung zweier Trossen durch Walknoten, die Hundspünten mit und ohne Auge".

Es ist schade, daß die Bezeichnung der Knoten nicht einheitlich ist. Was bei dem einen der Fallreepsknoten ist, heißt bei dem anderen Diamantknoten. Dasselbe gilt für den Stopperknoten und den Schauermannsknoten. Diese Begriffe werden oft vertauscht oder nebeneinander benutzt. In diesem Buch halte ich mich an die Bezeichnungen, wie sie sich in den letzten hundert Jahren in den meisten Veröffentlichungen eingebürgert haben.

2c

3

4

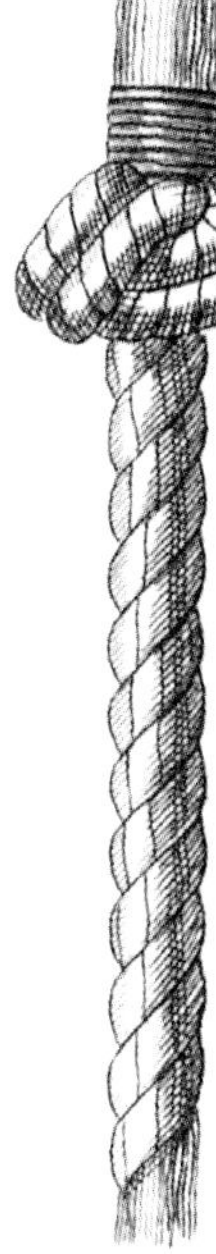

5

6a

6b

6c

MATROSEN AUF DEN PFERDEN

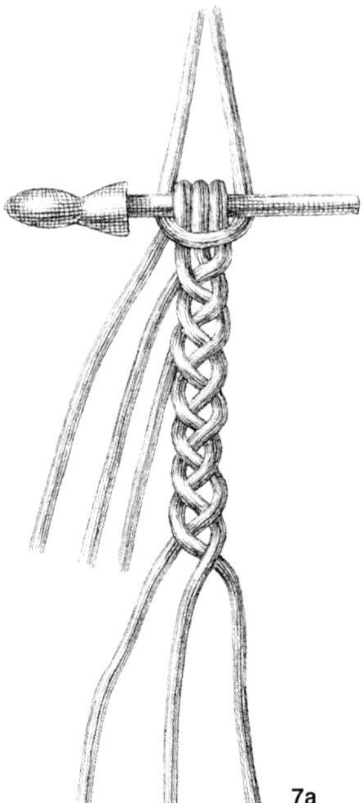

7a

7b

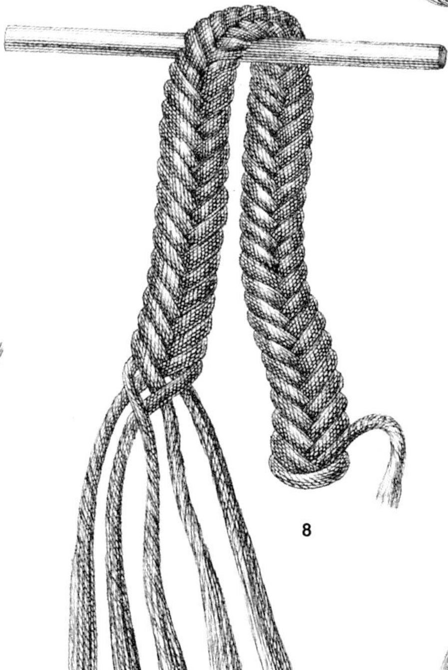

8

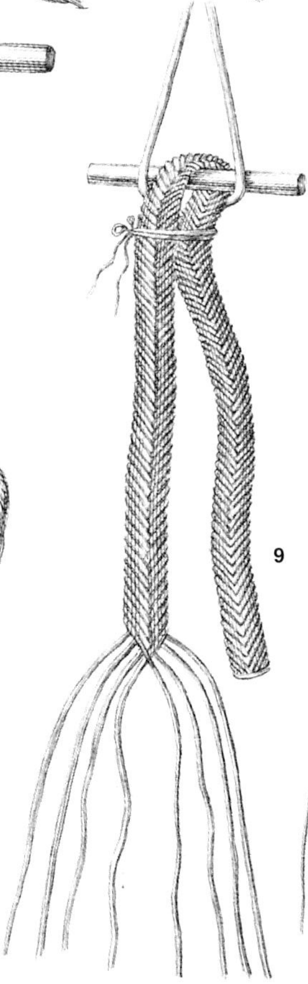

9

10

Auf der Abbildung auf S. 14 und dem Foto auf S. 15 sieht man, wie Matrosen ein Segel einholen. Man erkennt, daß sie bei der Ausführung ihrer Arbeit auf den „Pferden", den unter den Rahen gespannten Drähten, stehen. Das „Pferd" wurde auf mittlerer Höhe unter der Rah mit Hilfe eines besonderen Knotens auf beiden Seiten des „Vertikalen Springpferdes" festgehalten. So verhinderte man, daß das „Pferd" sich zu sehr durchbog (s. Abb. links oben). Andernfalls hätte der Matrose sich nicht mit dem Oberkörper auf die Rah legen und über die Rah greifen können, um das Segel einzuholen. Bog sich das „Pferd" dennoch zu stark durch, konnte man das Ausrutschen auf dem Seil mit Hilfe der sogenannten „Pferdeknoten", die an einigen strategischen Stellen gesteckt waren, verhüten.

WERKZEUG

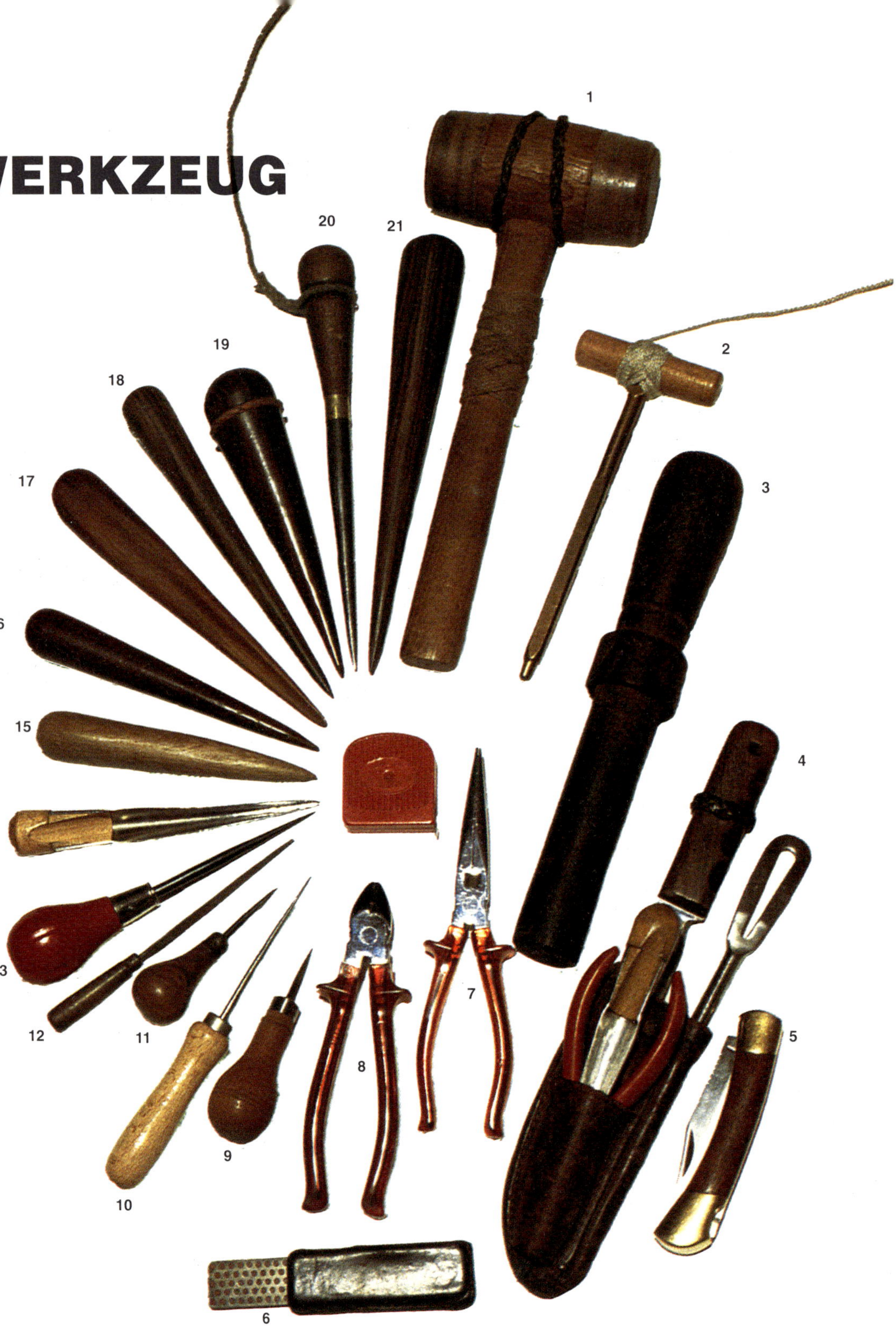

Grundwerkzeug

1. *Hammer aus Holz*
2. *Dreher*
3. *Karvielnagel oder Belegnagel*
4. *Takelset: lederne Scheide mit Messer, Flachzange, Hohlpfriem und Marlspieker/ Schäkelöffner*
5. *Taschenmesser*
6. *Diamantschleifstein in ledernem Beutel*
7. *Storchenschnabelzange*
8. *Seitenschneider*
9. *Vierkant-Aufreiber*
10. *Langer feiner Pricker (Vorstecher)*
11. *Kurzer feiner Pricker*
12. *Schlichtfeile*
13. *Stahlpfriem*
14. *Marlpfriem*
15. *Fitt aus einem gebrochenen Hammerstiel*
16. *Fitt*
17. *Hohlfitt aus einem alten Hammerstiel*
18. *Fitt*
19. *Kurzer gedrungener Fitt mit einem Grummetstropp um den geborstenen Kopf*
20. *Marlpfriem mit Zeising*
21. *Großer Fitt*

Werkzeug für Stahlkabelspleiße

22. *Knebelhölzer für das Bekleiden des Grummetstropps*
23. *Hebel-Vorschneider für Draht*
24. *Kabelschere*
25. *Nylon/Gummi-Hammer*
26. *Spleißhorn*
27. *Plattes Spleißhorn*
28. *Haken für das Bekleeden im Schraubstock*
29. *Bändselgarn (auch zum Bekleeden)*

VERSEILEN

Ein ganz wichtiger Punkt für den Spaß bei Fancywork ist Kenntnis des Materials. Damit ist nicht die chemische Zusammensetzung (Hanf, Polyester, Polypropylen, Kevlar ...) oder die technische Qualität (Zug-, Abriebsfestigkeit. Dehnbarkeit, Schwimmfähigkeit ...) gemeint, sondern die Art und Weise, wie die Leinen hergestellt werden. Die meisten Leinen werden durch Verseilen hergestellt. Wie das im Prinzip abläuft, wollen wir an einem Beispiel zeigen:

In Abb. 1 sieht man drei Knäuel (links verzwirntes) Bindegarn. Man kann es in unterschiedlichen Farben in jeder Eisenwarenhandlung oder jedem Supermarkt kaufen. Wenn man zwei linksgedrehte Garne (Abb. 2) rechtsherum ineinander dreht, bekommt man ein rechtsgedrehtes Kardeel (Abb. 3). Auf dem Foto sieht man zwei Beispiele. Anschließend lassen sich drei (einfarbige) Kardeele linksherum zu einem Tau verseilen (Abb. 4). Die Regel ist: Rechtsverzwirnte Garne werden linksherum zu einem Kardeel und linksgedrehte Kardeele rechtsherum zu einer Leine verseilt (Abb. 5, gelb-grün-rote Leine).

1

2

3

3

4

5

6

7

8

9

Eine andere Art, Leinen herzustellen, geschieht durch maschinelles Flechten von losen Garnen. Dadurch entstehen geflochtene Leinen. Wir wollen mit drei kurzen, farbigen Enden demonstrieren, wie man ein mehrfarbiges Tau durch Drehen der Parten verseilt, und nehmen je eine rote, eine blaue und eine gelbe geflochtene Part. Zunächst werden die Enden auf der einen Seite mit einem Würgestek (S. 20) zu einem Bündel verknüpft.
Abb. 6 und 7: Man nimmt die drei Parten am Würgestek-Knoten in die linke Hand und dreht die erste gelbe Part zwischen rechtem Daumen und Zeigefinger gegen den Uhrzeigersinn (nach links). Gleichzeitig zieht man mit der rechten Hand diesen gedrehten Part über die anderen Parten zu sich her. Mit dem linken Daumen und Zeigefinger drückt man diese gedrehte Part fest gegen die beiden anderen Parten. Dann nimmt man die blaue Part, die dahinter liegt, und macht dieselben Drehungen. Als letzte und dritte Part kommt die rote an die Reihe. Dieses Vorgehen wiederholt man so lange, bis die Parten ein Stück rechtsgedrehtes Tau formen.
Abb. 8 und 9: Hier sieht man, wie man ein linksverseiltes Tau anfertigt. Man dreht hierbei den einfachen Part Zeigefinger-über-Daumen im Uhrzeigersinn fest ineinander. Dann legt man die gedrehte Part über die anderen Parten von sich weg. Dasselbe macht man mit den anderen Parten, bis das Tau lang genug ist.

WÜRGESTEK

1

2

3

4

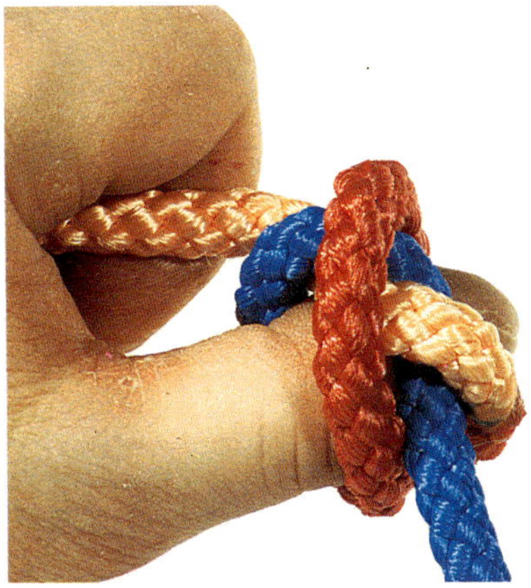
5

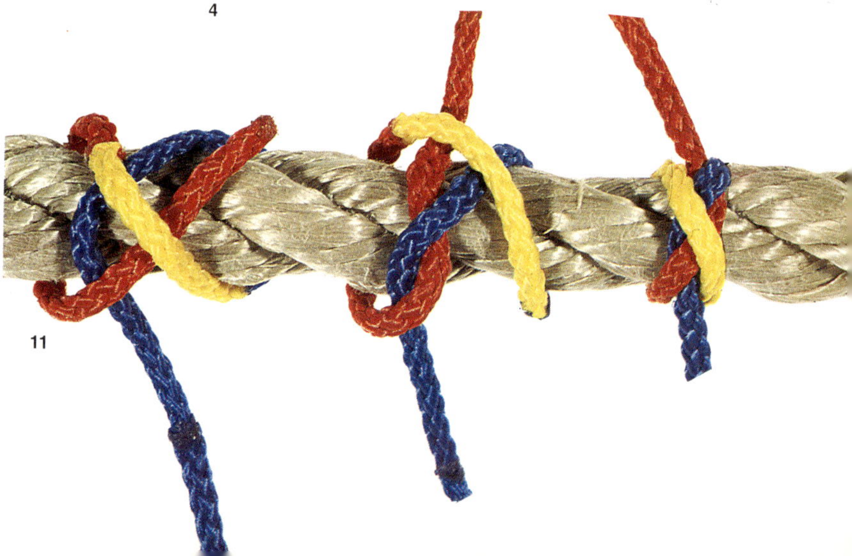
11

6

7

8

9

Bei vielen Fancyworkarbeiten muß man vermeiden, daß die Enden der Parten ausfransen. Dazu kann man verschiedene Techniken anwenden. Bei Chemiefasern lassen sich die Enden mit einem heißen Messer oder einer Flamme gut verschmelzen. Ein ausgezeichnetes Mittel sind kurze Enden von sogenannten „Schrumpfschläuchen", die über die Enden gezogen werden und sich anschließend bei Erwärmung über einer Flamme zusammenziehen. Sie sind jedenfalls besser als Beklebungen mit Tapeband. Die schönste und seemännischste Art ist jedoch, das Ende eines Tampens mit einem Takling (S.76) zu versehen. Falls man keine Lust hat, ein Takling zu legen, ist der Würgestek die optimale Lösung. Ist er richtig gelegt, löst er sich nicht von selbst. In den Abbildungen ist schrittweise zu erkennen,

12

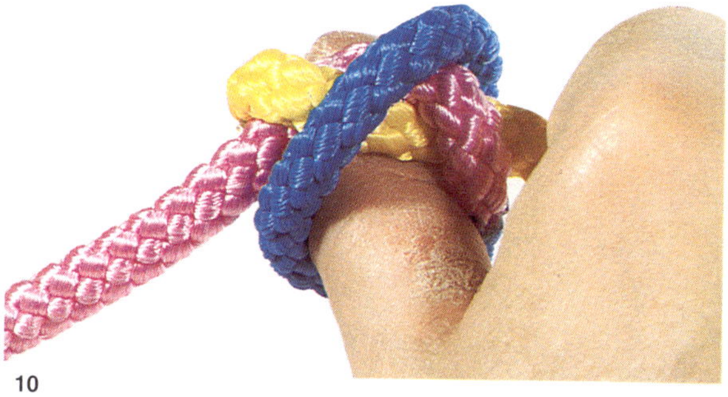

10

wie ein Würgestek von einem Rechtshänder (Abb. 1 - 5) bzw. einem Linkshänder (Abb. 6 - 10) gemacht wird. Hat man den Bogen einmal heraus, vergißt man den Würgestek nicht mehr so leicht. Eigentlich ist dieser Knoten ein Webeleinenstek mit einem von beiden Enden unter der Kreuzung gebildeten, einfachen Knoten. Die untersten Abbildungen 11 und 12 zeigen, wie man den Knoten über eine Leine legt. Man legt einen Webeleinenstek und anschließend mit dem roten und blauen Ende einen halben Schlag unter die gelbe Kreuzung. Zieht man den Knoten fest, ist der Würgestek fertig.

KLEINE RUNDE KREUZKNOTENMATTE (5FACH)

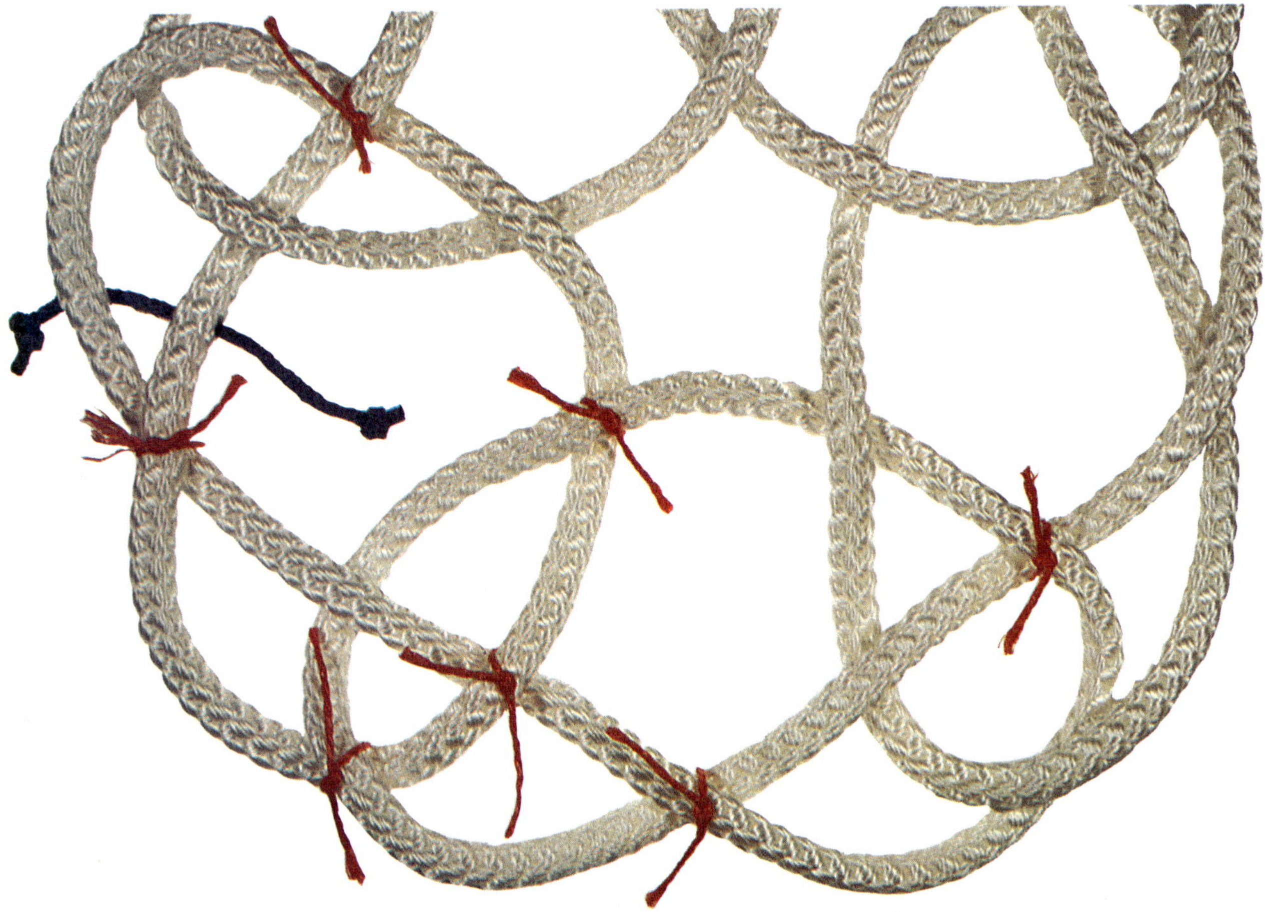

Das Anfertigen von Matten für unterschiedlichste Zwecke ist eine Sache der Übung. Es ist schwierig, den Handlungsablauf zu beschreiben. Durch mehrfaches Wiederholen lernt man, wie lang und wie dick das Seil sein sollte, um eine Matte mit einem bestimmten Durchmesser zu knüpfen.
Ein Tip: Man fertigt von der Matte auf S. 23 mit einem Kopiergerät eine Vergrößerung in dem Maßstab, in dem man die Matte anfertigen will. Es ist äußerst praktisch, die ersten Kreuzungen mit kurzen Bändseln festzusetzen. Dadurch bleibt alles gut sitzen. Eine gute Methode, um Matten während des Flechtens flach legen zu können, ist die Benutzung einer Holzplatte, auf der man mit Markierungsnadeln die ersten gelegten Buchten festsetzen kann. Die Matte auf dem Foto besteht aus fünf ineinander geflochtenen Kreuzknoten. Wenn man den Seilverlauf in der Weise einmal gelegt hat, kann man mit dem Doppeln beginnen, bis die freien Flächen geschlossen sind. Mit der Devise „Üben und immer wieder üben" kommt man bald zu einer schönen Matte.

GROSSE RUNDE KREUZKNOTENMATTE (5x10)

Man kopiert und vergrößert das Foto von S. 24 bis zu einem Durchmesser von ca. 80 cm. Zur Herstellung dieser Matte benötigt man etwa hundert Meter einer geschlagenen Polypropylen-Leine von 10 mm Dicke.
Man beginnt an einer beliebigen Stelle der Kopiervorlage und setzt jede Kreuzung (unten hindurch oder parallel zum bereits vorhandenen Verlauf) mit einem Stück Klebeband oder mit Markierungsnadeln fest. So steckt man die ganze Matte vor und entfernt die Markierungen erst nach der Verdoppelung. Nach vier oder fünf Verdoppelungen bestreicht man die gesamte Unterseite als Finish mit einem trocknenden, flexiblen Baukitt (Silikonkitt). Man kann auch die äußersten Buchten (fünf Törns) aneinandernähen. Abb.1 zeigt eine weitere Methode der abschließenden Abkettelung. Hierbei spleißt man an der unteren Seite die Endparten quer über ein Bündel Rundtörns zur anderen Seite durch.

1

RUNDE KREUZKNOTENMATTE (6x12)

Das Aufsetzen dieser Matte verläuft entsprechend der vorangegangenen großen, runden Kreuzknotenmatte. Auch hier gilt wie immer das Prinzip des Ausprobierens. Auf S. 26 sieht man das Aufsetzen und auf S. 27 eine fertige Matte. Diese ist mit einer 4 mm dicken Leine von 6x75 cm Länge hergestellt. Das Ergebnis ist eine offene Matte mit einem Durchmesser von 20 cm und einem Umfang von ca. 62 cm.
Mit etwas Geschick kann man nach dem zuvor beschriebenen Prinzip Matten von jeder beliebigen Größe herstellen. Man muß nur darauf achten, daß die Anzahl der Außenschlingen zweimal so groß ist wie die Anzahl der Innenschlingen. Die Kreuzungen sind mit roten Würgesteks fixiert.
Die beste Methode ist wieder, die Zeichnung auf die gewünschte Größe zu kopieren.

Viel Vergnügen!

RUNDE EINFACHE KNOTENMATTE

Diese Matte bedarf keiner ausführlichen Erläuterung. Man macht ein kleines Auge in das eine Ende der schwarzen Leine und steckt das andere Ende hier hindurch. Mit diesem durchgesteckten Ende legt man um die schwarze Ausgangskernschlinge eine Anzahl halber Schläge. Und fährt so fort, bis man beim ersten (grünen) halben Schlag wieder anlangt (s. die inneren grünen Steks auf S. 29). Dann legt man die orangefarbenen Schläge in die Buchten des vorherigen grünen Törns. Mit den nächsten halben Schlägen verfährt man genauso und knüpft so weiter – unter der Voraussetzung, daß man ab und zu jeden oder jeden zweiten Schlag verdoppelt. Die Matte läßt sich so auf jeden beliebigen Durchmesser erweitern. Zum Schluß näht man das Ende der Leine mit Nadel und Takelgarn an der geformten Matte fest.

Wenn man zu Beginn die schwarze Ausgangskernschlinge um den Hals einer Flasche oder Karaffe legt, kann man ein schönes Mäntelchen häkeln. Auf diese Weise läßt sich auch ein Fender bekleeden.

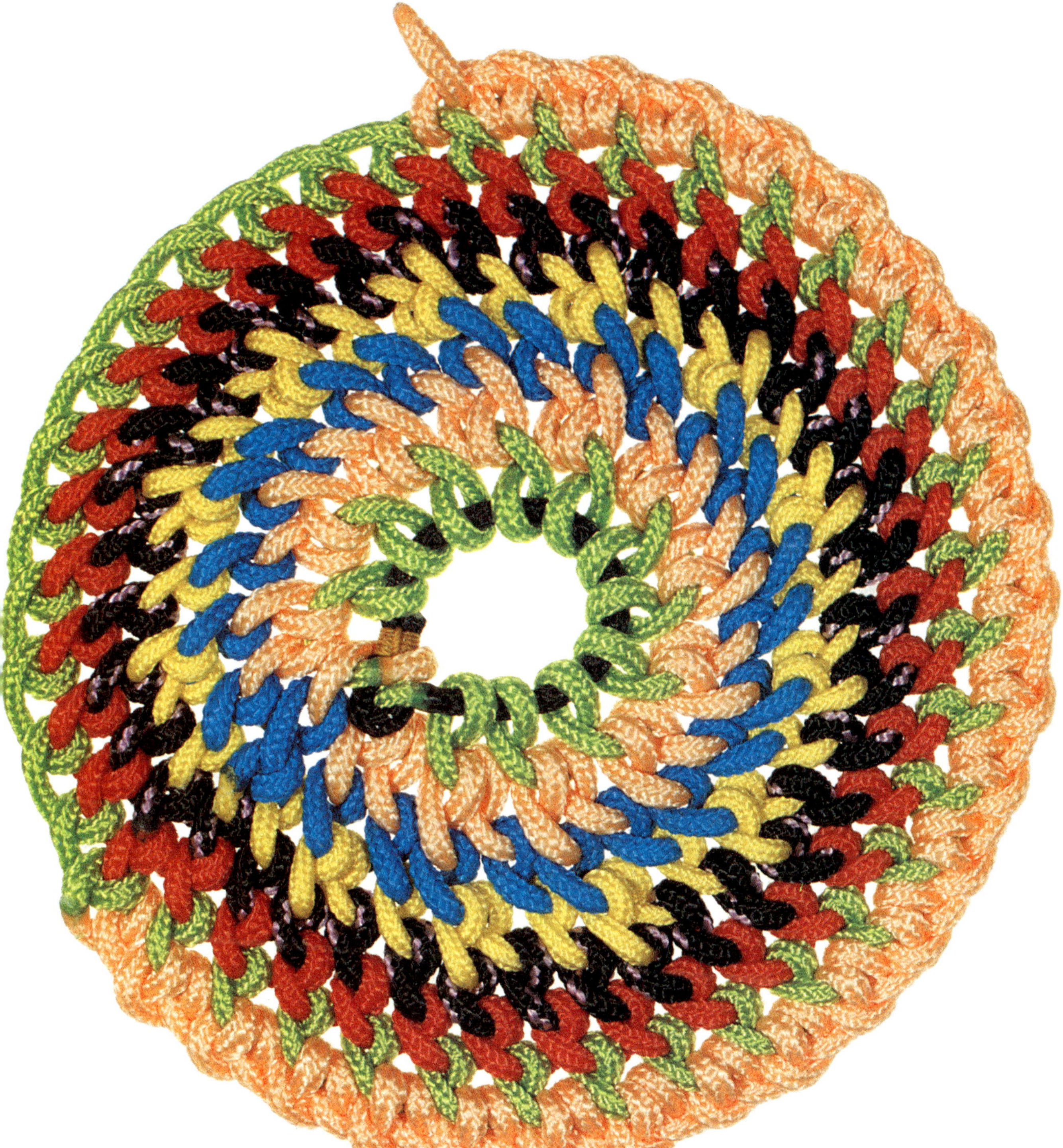

RUNDE TÜRKENBUNDMATTE (5x6)

Diese reizvolle Matte ist in ihrer Konstruktion und Herstellung mit dem Türkischen Bund (S. 42) vergleichbar. Der Unterschied ist nur, daß sie auf einer flachen Ebene angefertigt wird. Die Herstellung organisiert man genauso wie bei der Kleinen runden Kreuzknotenmatte (S. 22).

Das Angenehme einer Kunstfaserleine ist, daß farblich unterschiedliche Enden auf ziemlich einfache Weise miteinander verschweißt werden können. Dazu kann man ein elektrisches Abschweißgerät verwenden oder ein über einer Spiritus- oder Gasflamme erhitztes altes Messer. Man hält die beiden Enden, die verschweißt werden sollen, gleichzeitig gegen die beiden Seiten des heißen Messers, so daß die Enden mehr oder weniger flüssig werden. Dann zieht man das Messer weg, drückt die beiden Enden stumpf gegeneinander und läßt sie so abkühlen. Möglicherweise hält eine derartige Verbindung einer stärkeren Zugkraft nicht statt. Das ist hier auch nicht so wichtig; aber die verschiedenen, aneinandergeschweißten Farben können sehr reizvoll aussehen.

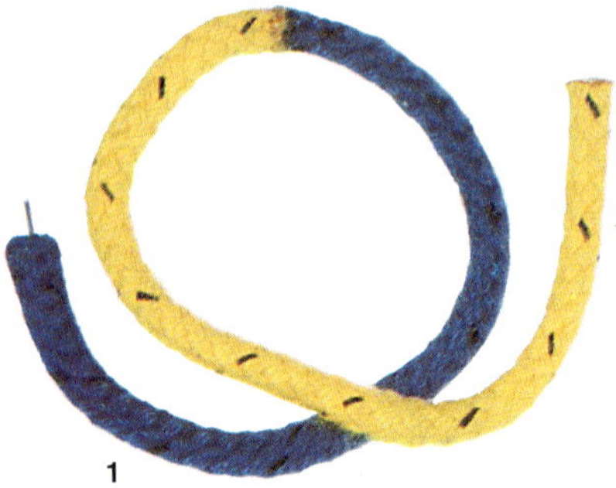

1

2

3

4

5

B

Abb. A zeigt das fertige Produkt der vorigen Seite. Es wurde eine 6 mm dicke geflochtene Polyester-Leine verwandt. Die beiden kleinen Matten in Abb. B wurden aus demselben Material angefertigt.

Der manilafarbige Topfuntersetzer ist aus 6 mm dicker dreikardeeliger Leine aus Polypropylen-Spezialfaser (Hanfdesign) hergestellt. Die Enden sind miteinander verschweißt. Der Durchmesser der Matte beträgt ca. 14 cm.

Es ist eine reizvolle Herausforderung, diese aus dreikardeeliger Leine hergestellte kleine Matte als Ganzes aus einem Grummetstropp aufzubauen. Einfach ist es nicht, aber der Versuch lohnt sich!

A

QUADRATISCHE MATTE

Man fertigt eine Kopie in der gewünschten Größe und setzt die Matte vorsichtig auf. Die Kreuzungen fixiert man in der bekannten Weise. Bei den ersten Versuchen wird man merken, daß man die Größe der Matte sehr genau auf die Dicke und Elastizität der verwendeten Leine abstimmen muß.

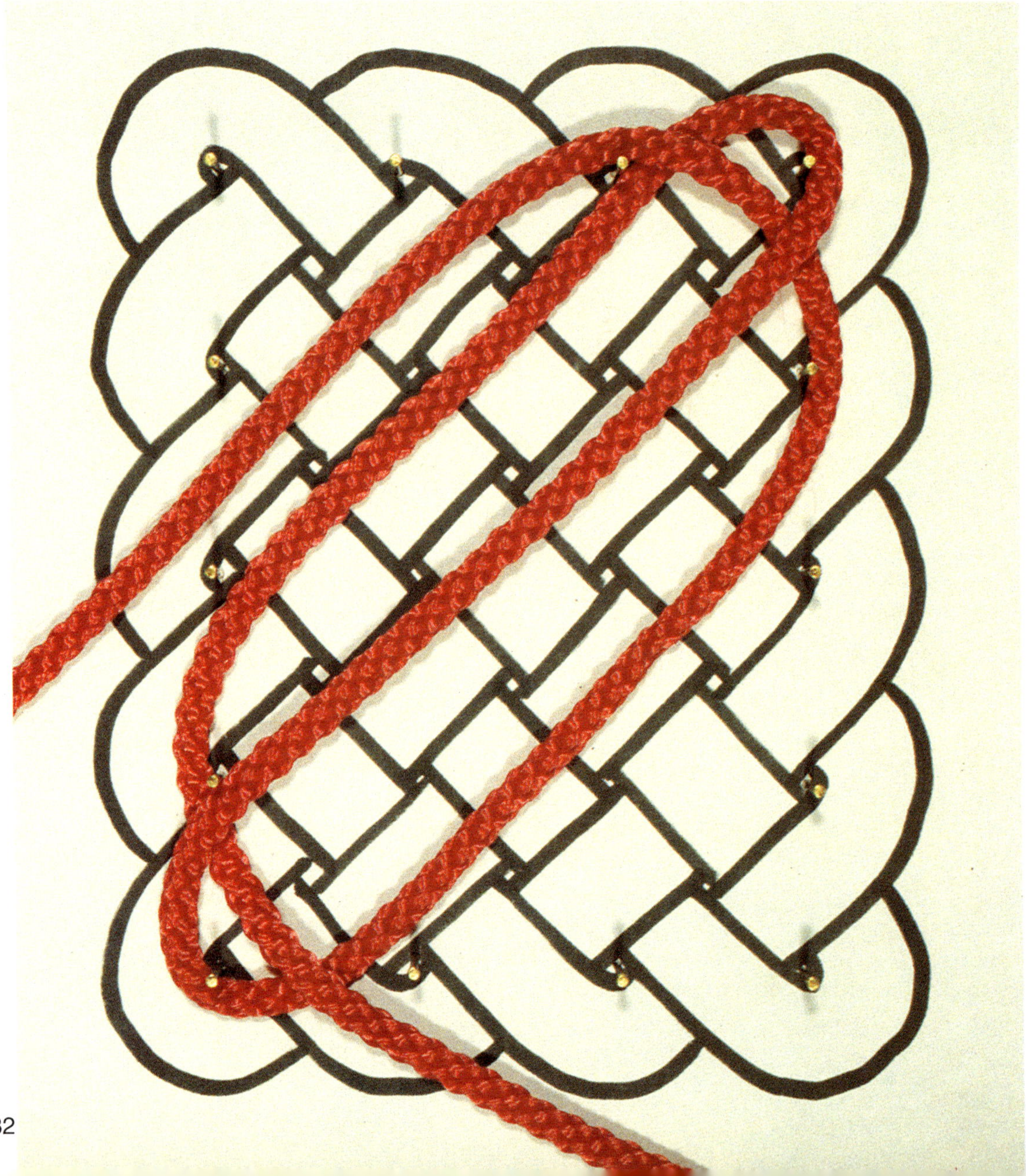

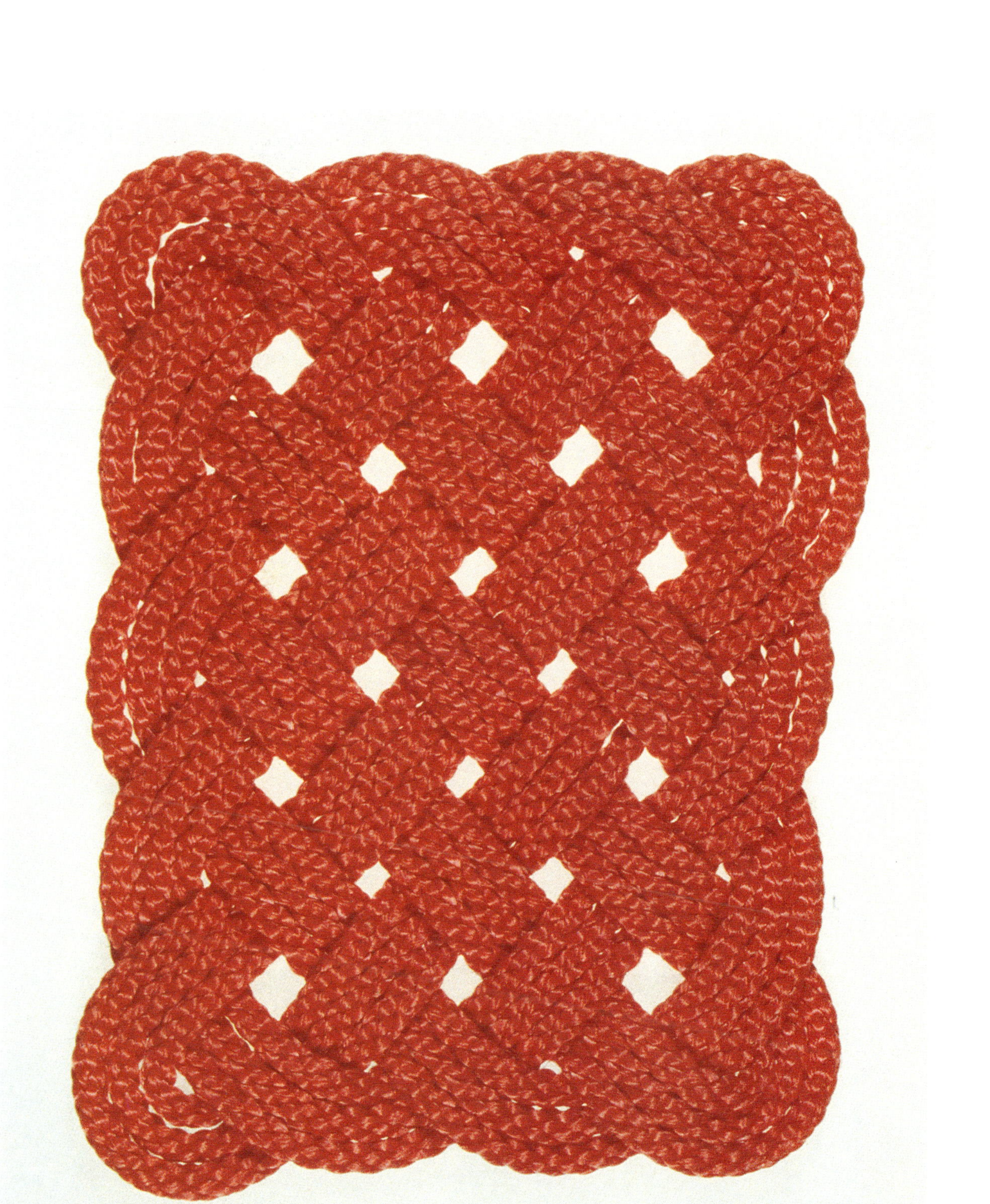

LÄNGLICHE VIERECKIGE MATTE

Die Vorlage auf die gewünschte Größe kopieren und danach flechten. Am Anfang setzt man die Kreuzungen notfalls mit Bändseln, Markierungsnadeln oder Klebeband fest.

In dem Flechtwerk in Abb. 1 sind die Kreuzungen, bei denen das von links unten nach rechts oben verlaufende Seil über das querlaufende geführt ist, rot gekennzeichnet und, bei denen das von links oben nach rechts unten verlaufende Seil das querlaufende oberhalb kreuzt, blau gekennzeichnet. Auf Abb. 2 ist das erste komplette, grüne Rundgang-Flechtwerk fertig. Wenn man noch genügend Platz hat, kann man das Ganze verdoppeln oder eventuell sogar verdreifachen. Abb. 3 zeigt den fertigen Untersetzer von 8x15 cm aus 3 mm dicker, geflochtener Polypropylen-Leine. Die Enden sind miteinander verschweißt. Man könnte die Enden ebenso zusammen oder an die nächstliegende Leine nähen. Auf der Unterseite sollte man so viele Leinen wie möglich aneinandernähen. Dann sieht die Matte insgesamt ordentlicher aus.

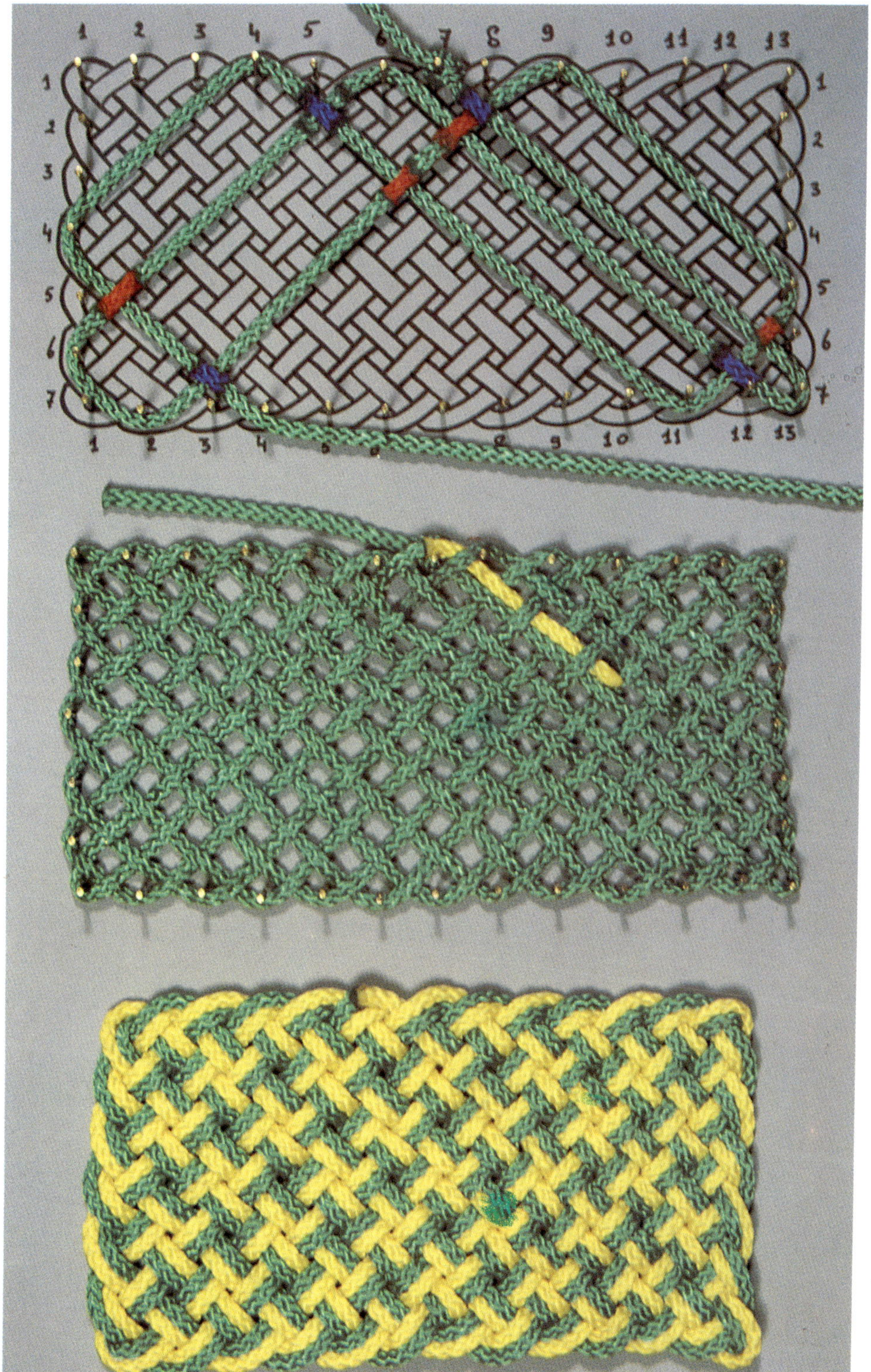

1

2

3

OZEANMATTENRING MIT ZWEI ROSETTEN

1

2

3

5

6

Die Vorlage auf die gewünschte Größe kopieren und danach flechten. Das perspektivische Foto in Abb. 4 kann für die Vorlage einige Schwierigkeiten bereiten. Aber mit etwas Übung hat man es schnell im Griff. Der kleine Draht in den Abb. 1 und 2 zeigt, wie die lose blaue Part durchgeflochten werden muß. Abb. 6 stellt eigentlich das Stadium zwischen den Abbildungen 4 und 5 dar.

Abb. 7 zeigt den Ring wie in Abb. 5, aber bereits enger gezogen.
Hat man Kunstfasern verwendet, kann man die Enden verschweißen.

Das Glas mit dem farbigen Ring aus Polypropylen-Leine ist sicherlich eine reizvolle Tischdekoration.

4

7

TÜRKISCHER BUND

1

2

4

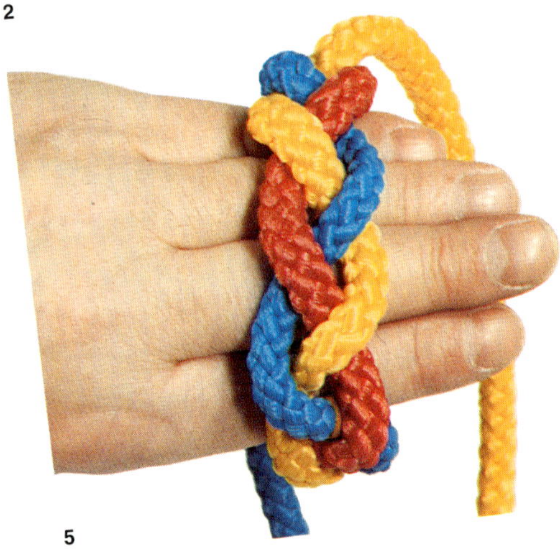

5

Der Türkische Bund ist ein Zierring, den man im täglichen Leben zu allerlei Zwecken verwenden kann, zum Beispiel als Serviettenring, als Armband oder an Bord einer Segelyacht für Ringe, die auf beiden Seiten des Leitwagens die Stöße des Schotblocks abfangen.
Hier sieht man den einfachsten Türkischen Bund. Er ist aus drei Rundtörns und fünf Außenbuchten auf beiden Seiten aufgebaut (3x5). Das Reizvolle dieses Knotens ist, daß er sich bei immer größer werdendem Durchmesser als fest ineinandergeflochtener Knoten präsentiert. Es gibt z.B. die Ausführungen 3x8, 3x11, 3x14 usw.
Abb. 1: Man macht mit der (blauen) Leine einen Rundtörn um die linke Hand und hält das Ende mit dem Daumen fest. Dann legt man noch einen zweiten (roten) Rundtörn um die Hand. **Nun legt man den rechten Rundtörn über den linken (blauen) Rundtörn und steckt den (gelben) freien Part von rechts nach links unter den neuen (blauen) rechten Rundtörn und über den neuen (roten) linken Rundtörn.** Dann geht es weiter über den neuen (roten) linken Rundtörn und von links nach rechts unter dem alten

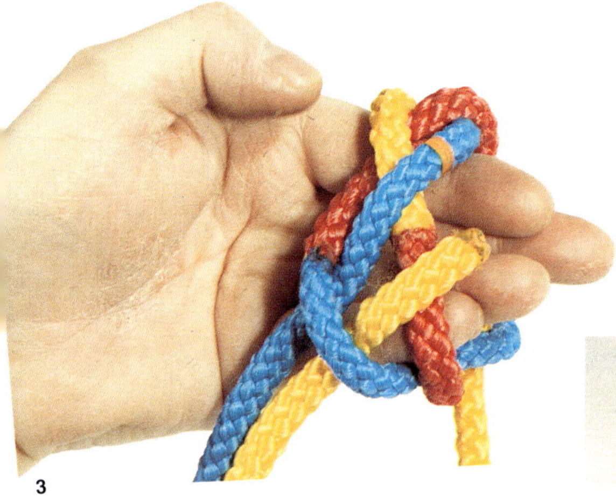

3

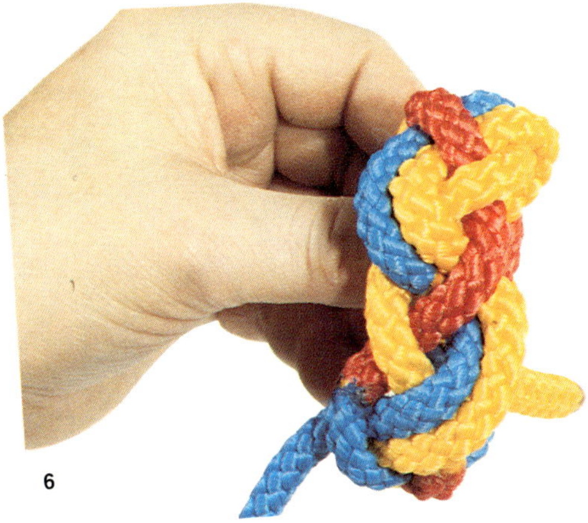

6

(blauen) Rundtörn hindurch. So bekommt man den 2x3-Bund.
Abb. 2: Nun dreht man die Hand und fährt mit dem Knoten fort. **Man legt wieder den rechten (roten) Rundtörn nach links über den linken (blauen) Rundtörn und steckt den (gelben) freien Part von rechts nach links unter den neuen rechten (blauen) Rundtörn und über den neuen linken (roten) Rundtörn.**
Abb. 3: Man dreht die Hand wieder um und steckt auf der unteren Seite den (gelben) freien Part neben das blaue Anfangsende von links nach rechts unter den alten linken (blauen) Rundtörn. Man sieht nun, daß der (gelbe) freie Part neben dem (blauen) Anfangsende zu liegen kommt. Somit ist nun der Knoten in seiner einfachsten Form (3x5) fertig. Man kann ihn aber verdoppeln oder verdreifachen. Wer gut beobachtet, hat gemerkt, daß die beiden hervorgehobenen Beschreibungen für die Handfläche und den Handrücken identisch waren. Das Reizvolle an diesem Knoten ist, daß man den Ablauf beliebig oft wiederholen kann - vorausgesetzt, man hat die beiden (blauen und roten) Anfangsrundtörns groß genug gewählt (s.S. 38).
Abb. 4 zeigt einen Knoten mit größeren Anfangsrundtörns und dicht aufeinandergeschobenen Kreuzungen. Im weiteren Verlauf legt man wieder den rechten (roten) Rundtörn nach links über den linken (blauen) Rundtörn - und fährt fort wie oben beschrieben. Dieses Überlegen der Rundtörns läßt sich beliebig oft wiederholen (Abb. 5).
Abb. 6 zeigt die Verdoppelung des ersten (blauen) Rundtörns mit dem (gelben) freien Part.

TÜRKENBUNDSCHLEIFE

Will man die hübsche Brosche auf dem mittleren Foto machen, muß man sich an die Abbildungen 1 - 7 halten. Die Abb. 1 - 3 sind unmißverständlich; Abb. 3 und 4 zeigen den gleichen Zustand des Knotens, einmal von der Vorderseite und einmal von der Rückseite. In den Abb. 5 und 6 sieht man die Rückseite und in Abb. 7 die Vorderseite. Abb. 7 zeigt die komplette Schleife von der Vorderseite, und man sieht, die (rote) freie

1

2

4

6

Part verläuft von links nach rechts über die linke (blaue) und unter der rechten (gelbgrünen) Bucht hindurch. Abschließend zieht man den Türkischen Bund fest - und der Knoten ist fertig. Man kann den Knoten nun noch verdoppeln und mit besonderen Akzenten versehen. Das geschieht z.B., indem man durch die beiden Doppelknoten einen sich abhebenden, in diesem Fall gelben Akzentfaden steckt. Näht man auf der Rückseite eine Sicherheitsnadel an, bekommt man eine exklusive Brosche (auf dem Foto links). Der Anhänger auf dem Foto rechts besteht aus einem Doppelten Diamantknoten (s. S. 92).

3

5

7

TÜRKISCHER BUND (5x6)

Dem Türkischen Bund liegt derselbe Knoten zugrunde wie der Türkenbundmatte auf Seite 30. Hier ist der Knoten jedoch wie ein Ring um einen Stab herumgelegt. Anfangs kann der Knoten Schwierigkeiten bereiten, aber wenn man sich die Beispiele gut anschaut und den Abbildungen von links nach rechts folgt, müßte er am Ende gelingen. Hat man den Knoten erst einmal im Griff, kann man mit ihm nach Belieben Gegenstände dekorieren. Ein passendes Beispiel ist die Königsspeiche des Steuerrads. Vielfach findet man ihn als Serviettenring.
Verwendet man Naturfaserleine oder -schnur, kann man diesen Ring durch einen Überzug mit farblosem Lack verschönern.
Abb. 1 zeigt von links nach rechts die Vorderseite, Abb. 2 die entsprechende Rückseite des Knotens. Die Pfeile in Abb. 1 markieren die obere Seite der Vorderansicht. In Abb. 2 sieht man die Rückansicht nach einer Drehung um 180°, und die Lage der Pfeile ist nun folglich unten.
Abb. 1 und 2a: Man beginnt wie bei dem normalen Türkischen Bund (S. 38). In der linken Hand hält man die (gelbe) freie Part nach unten gerichtet mit dem linken Daumen fest. Darüber legt man nun nach oben zwei (einen gelben und einen blauen) Rundtörns um den Stab, so daß die (blaue) freie Part auf der Rückseite unten erscheint. Danach holt man auf der Rückseite den rechten (blauen) Rundtörn nach links unter dem linken (gelben) Rundtörn hindurch.
Abb 1a: Auf der Vorderseite steckt man die (blaugrüne) freie Part von rechts nach links unter den danebenliegenden (gelb-blauen) Rundtörn und über den (gelben) Anfang.
Abb. 2b: Auf der Rückseite steckt man nun die (grüne) freie Part von links nach rechts unter die danebenliegende rechte (blaue) Bucht und über die linke (gelbe) Bucht.

1 a b c d

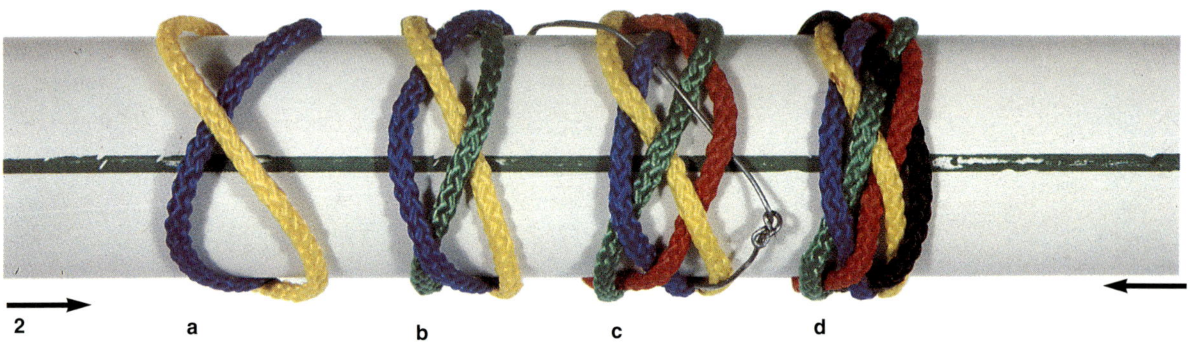

2 a b c d

Abb. 1b: Auf der Vorderseite holt man die (grün-rote) freie Part von rechts nach links unter der danebenliegenden rechten (blauen) Bucht hindurch, dann über die linke (gelbe) Bucht und unter den (gelben) Anfang.
Abb. 1c: Beim folgenden Schritt holt man die rote freie Part von links nach rechts unter der danebenliegenden (grünen) Bucht hindurch. Die freie Part liegt nun auf der Oberseite neben dem Anfangsende unter derselben (grünen) Bucht.
Abb. 2c: Dann holt man die (rote) freie Part auf der Rückseite von links nach rechts über die mittelste (blaue), unter der rechten (gelben) und unter der danebenliegenden (grünen) Bucht hindurch. Auch hier befinden sich zwei Buchten (gelb und rot) nebeneinander unter einer (grünen) Bucht.

Danach steckt man die (rote) freie Part von links nach rechts über die (blaue) Bucht in der Mitte und unter der linken (gelben) Bucht hindurch. Nun befinden sich zwei Buchten (gelb und rot) nebeneinander über der (blauen) Bucht in der Mitte.
Abb 1c: Auf der Vorderseite holt man nun die (rot-schwarze) freie Part über den (gelben) Anfang und unter der danebenliegenden (roten) linken Bucht hindurch.
Nun ist der Weg für beliebig viele Wiederholungen frei. Die Wiederholungen laufen immer nach dem gleichen Schema ab: Zwei darunterliegende Buchten werden von der darüber kreuzenden freien Part und zwei darüber kreuzende Buchten durch die darunterliegende freie Part gebildet.

GEWÖHNLICHE PLATTING, MÄDCHENHAARZOPF

ENDLOSE TÜRKENBUNDPLATTING

Wenn man sich die Platting auf S. 44 gut ansieht, kann man sie sicher ohne weiteres nachmachen. Hat man zudem das Prinzip des Flechtwerks im Griff, wird das Anfertigen der endlosen Türkenbundplatting überhaupt kein Problem sein. Eigentlich handelt es sich hier nämlich um einen gewöhnlichen Türkenbund.
Dazu siehe Beschreibung auf S. 38.

1

3

2

4

KREUZKNOTENPLATTING

1

2

3

4

5

6

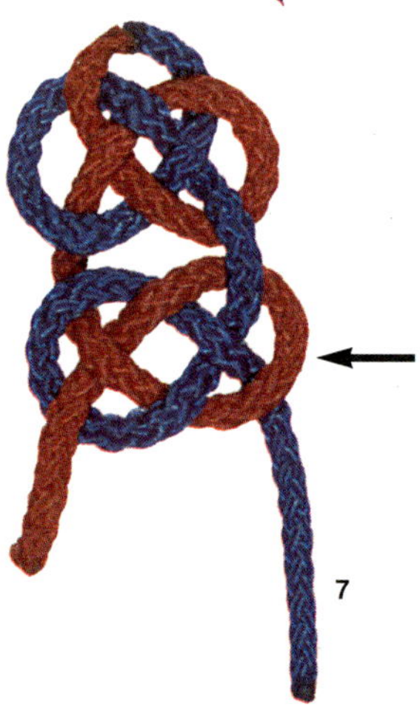

7

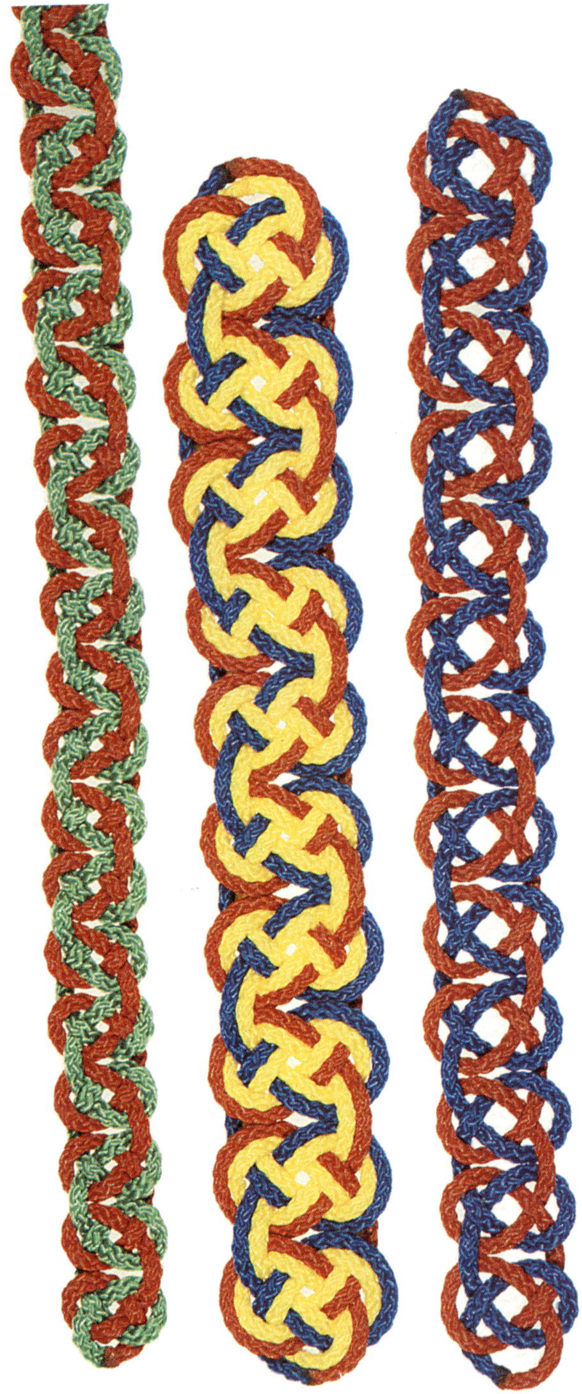

Der Kreuzknoten (Abb. 1, 2 und 3) ist die Basis der Platting. Man muß gut darauf achten, die Steke abwechselnd auf der Vorderseite bzw. auf der Rückseite zu legen. Beachte in Abb. 1 die dahinterliegende (blaue) Bucht und in Abb. 4 die obenaufliegende (blaue) Bucht. Dieser Wechsel ist in Abb. 7 mit einem Pfeil markiert.
Vor dem Verdoppeln ist darauf zu achten, daß die Zwischenräume groß genug sind, sonst kann es vorkommen, daß die Verdoppelungen oder Verdreifachungen übereinanderfallen und die gesamte Platting unordentlich aussieht.

Die Kreuzknotenplatting eignet sich sehr gut zum Anfertigen eines Armbandes, eines Gürtels oder eines Lesezeichens und sogar für einen Bilderrahmen. Diese Platting läßt sich hundertfach variieren.

QUADRATISCHE PLATTING

1

2

3

4

5

Das blaue kurze Ende der Leine ist der Anfang, das rote lange Ende ist die freie Part, die verflochten wird.

Abb. 1: Man legt zwei Buchten und macht in der Mitte einen (blau-grünen) einfachen Knoten um die Buchten und zieht den Knoten fest.
Abb. 2: Man steckt die freie Part als Bucht durch die linke Ausgangsbucht und zieht die erste Bucht mit der rechten Ausgangsbucht fest. Links ist nun die neue Bucht.
Abb. 3: Man biegt nun die freie Part durch die rechte Bucht und zieht diese mit der linken Bucht fest (s. Abb. 4).
Abb. 5: Man biegt die freie Part durch die neueste linke Bucht und zieht diese wieder mit der rechten Bucht fest.

Dies wiederholt man, bis man die gewünschte Länge erreicht hat, und kettelt die freie Part ab.

RUNDE ODER SURFSCHNURPLATTING

Durch das Auge eines Slipsteks steckt man eine kurze Bucht. Mit dem anderen Ende steckt man wieder eine Bucht durch die zuvor entstandene Bucht. So fährt man fort, bis man die gewünschte Länge erreicht hat. Die Enden kettelt man in der Weise ab, daß man die losen Enden durch die letzte Bucht steckt und sie zusammenbindet oder mit einem genähten Takling versieht (Abb. 1 – 4). Abb. 5: Diese Platting wurde aus zweimal zwei Enden aus 5 mm dicker Polypropylen-Leine gefertigt. Bei einer Länge von viermal zwei Metern bekommt man ein Flechtwerk von 47 cm und 25 mm Durchmesser.

1

2

4

3

5

RUNDE PLATTING

Die hier gezeigten Knoten wurden in der Draufsicht fotografiert, damit man einen guten Überblick bekommt. Diese Platting bereitet Schwierigkeiten beim Festhalten der Überschläge. In der fertigen Plattingleine laufen drei Parten rechtsherum (blau, weiß und grün) und drei Parten linksherum (rot, gelb und schwarz).
Abb. 1: rechtsherum Blau über Gelb, Weiß über Rot und Grün über Schwarz.
Abb. 2: linksherum Rot über Blau, Gelb über Grün und Schwarz über Weiß.
Abb. 3: rechtsherum Blau über Schwarz, Weiß über Gelb und Grün über Rot.
Abb. 4: linksherum Rot über Weiß, Gelb über Blau und Schwarz über Grün.
Abb. 5: rechtsherum Blau über Rot, Weiß über Schwarz und Grün über Gelb.
Abb. 6: linksherum Rot über Grün, Gelb über Weiß und Schwarz über Blau.
Damit ist der erste, vollständige Umlauf abgeschlossen. Die Fortsetzung beginnt wieder mit Abb. 1, und am Ende entsteht eine schöne, geschmeidige Schnur. Aus 50 cm langen und 3 mm dicken Polypropylen-Enden wird eine 34 cm lange Schnur mit 10 mm Durchmesser.

3

4

6

VIERECKIGE PLATTING

Zunächst bindet man drei Enden in der Mitte zusammen, und dann zieht man die hintenliegende, rechte Part (gelb) um die beiden äußersten linken Parten (gelb und blau) herum nach vorne und legt sie in die Mitte (1). Anschließend legt man die linke Part (gelb) von hinten zwischen die beiden äußersten rechten Parten (rot und blau) hindurch nach vorne und über die erste Part (gelb) ebenfalls in die Mitte der Parten (2).

Nun ist die blaue Part außen und wird genauso gelegt wie zuvor die gelbe: erst die rechte Außenpart (3 wie 1), dann die linke (4 wie 2) usw., bis die Platting die gewünschte Länge erreicht hat (5). In Abb. 6 ist die achtpartige Platting mit einem vierpartigen Sternknoten abgeschlossen (s.S. 112). Abb. 7 zeigt eine vielpartige viereckige Platting, die als Packung für eine mit Fett geschmierte Schraubenwellendichtung vorgesehen ist.

4

5

6

7

FLACHE MARINEPLATTING

Die Abbildungen zeigen deutlich die Herstellung dieser einfachen Platting. Am Ende läßt sich diese Platting wie jede andere abketteln, indem man die Parten im Zopf zurückspleißt oder das Ende mit einem genähten Takling abschließt. Früher wurde die siebenpartige Flachplatting bei dem

1

2

Ankerkettenstopper (s.S. 70) oder als Beschlagzeising verwendet. Bei einer derartigen Platting beginnt man mit sechs Parten, fügt nach sechs Kreuzungen einen siebten Part hinzu und flechtet ihn mit ein.

3

4

VIERPARTIGE PLATTING AUS HALBEN SCHLÄGEN

1

Der leichteste Knoten ist der ganz normale einfache Knoten, zumeist halber Schlag genannt. Diese Platting wird aus lotrecht aufeinanderstehenden, einfachen Knoten aufgebaut. In ununterbrochenem Rhythmus werden die Knoten einer nach dem anderen geknüpft. Dabei entsteht eine wunderbare farbige Kette, die zudem erheblich dicker ist als die dünnen Leinen. Bei dieser Platting kann man sich herrlich entspannen und in aller Muße die schönsten Schnüre knüpfen. Aus vier 1 m langen und 4 mm dicken Enden aus geflochtener Polypropylen-Leine läßt sich eine komplette Platting von 26 cm Länge und 18 mm Dicke herstellen.

2

3

SECHSPARTIGE PLATTING AUS HALBEN SCHLÄGEN

Wie bei der vorigen Platting gilt auch hier das Prinzip der Einfachheit. Die Basis für das Flechtwerk dieser Platting ist auch der einfache Knoten. Wenn man die halben Schläge immer in der gleichen Weise macht, entsteht eine sich schlängelnde, rechts- oder linksherum drehende Spirale.
Sechs 1 m lange und 4 mm dicke Enden aus geflochtener Polypropylen-Leine ergeben eine Platting von 30 cm Länge und 20 mm Dicke.

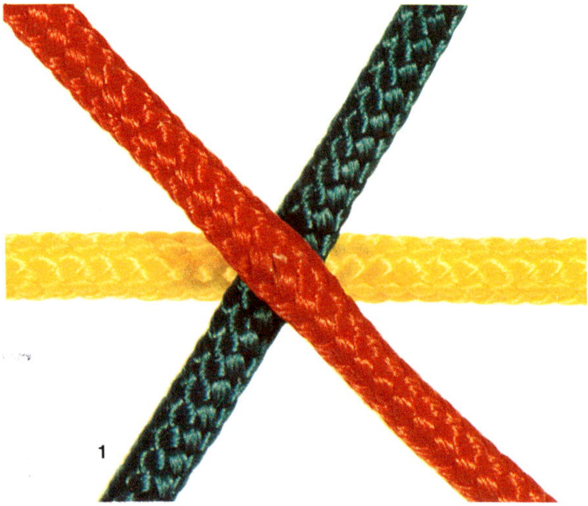
1

2

3

4

ACHTPARTIGE PLATTING AUS HALBEN SCHLÄGEN

Diese aus vier mal zwei Parten aufgebaute, einfache Knotenplatting strahlt eine noch größere Schlichtheit aus als die beiden vorigen einfachen Knotenplattings. Wenn man alle Parten linksherum bzw. alle Parten rechtsherum oder abwechselnd links- und rechtsherum knotet, bekommt die Platting ein besonderes Aussehen.
Der Anhänger wurde aus acht Enden von 5 mm dicker Polypropylen-Leine angefertigt und hat einen Durchmesser von 27 mm.

1

2

3

1

2

FRANZÖSISCHE PLATTING

Man sollte sich zunächst die Abbildungen genau anschauen, damit man die Platting von Anfang an korrekt nacharbeiten kann. Mit der Zeit bekommt man den Rhythmus in die Finger. Sehr bald kann man mit geschlossenen Augen flechten und ohne Fehler eine Französiche Platting herstellen.
Abb. 1: Zunächst legt man einen Würgestek (S. 20) um ein geschlagenes Tau. Ab diesem Knoten dreht man das Tau aus Polypropylen auseinander und bildet sechs Parten, an die man sechs farbige Leinen anschweißt.
Abb. 2: Man beginnt das Flechten, indem man die beiden mittelsten Parten kreuzt. Sodann kreuzt man diese beiden Parten mit den Außennachbarn (grün und schwarz). Dann nimmt man die äußersten Parten (rot und weiß) und kreuzt sie zweimal nach innen (drunter durch – drüber längs), bis sie in der Mitte liegen.
Nun ist der erste Flechtgang abgeschlossen. Man fährt mit dem Flechten fort, indem man immer wieder die äußeren Parten zweimal nach innen kreuzt. Dabei werden sich die jeweils innersten Parten ebenfalls kreuzen.

5

Abb. 3: Man kann mit dem Flechten fortfahren, bis die Finger schmerzen oder bis man die nötige Länge erreicht hat. Dann verseilt man je zwei Parten, so daß drei Parten entstehen.
Abb. 4: Danach schlägt man die Platting doppelt und spleißt die drei Parten in das feste Ende.
Diese flache Französische Platting läßt sich zu verschiedenen Zwecken verwenden, als Sicherheitsleine (S.64), als Hundeleine (S.67), als Gürtel oder alsTragriemen (S.68).

SCHNAPPSCHÄKELSPLEISS

1 2 3 4 5 6

Dieser Spleiß ist in Wirklichkeit nichts anderes als ein gewöhnlicher Endspleiß. Der einzige Unterschied ist, daß der Ausgangs-Kreuzknoten direkt durch einen Ring oder Bügel gesteckt wird, so daß man keinen Augspleiß zu machen braucht. Man setzt erst einen Würgestek auf die Leine und verhindert so das Aufdrehen der Parten.

Abb. 1: Man legt den Ring auf den weißen Part und steckt den grünen Part von rechts durch den Ring.

Abb. 2: Dann holt man den weißen Part von hinten nach vorne und legt ihn über den grünen Part.

Abb. 3: Zum Schluß steckt man den schwarzen Part über den weißen Part, dann durch den Ring und durch die Bucht des grünen Parts. Der Kreuzknoten ist nun fertig und kann bis an den Würgestek festgezogen werden.

Abb. 4: Die freien Enden können entweder mit einem normalen oder sich verjüngenden Endspleiß (Abb. 5) abgekettelt werden.

Abb. 6: Eine weitere Möglichkeit ist, zum Abschluß einen Stopperknoten zu setzen (S.106).

GÜRTEL ODER TRAGRIEMEN

Der wichtigste Teil der Hundeleine (S. 67) oder der Sicherheitsleine (S. 69) ist die französische Platting, die aus einer beliebigen Anzahl von Parten und somit auch zu einem breiten Band angefertigt werden kann.

Der Gürtel besteht aus einer achtpartigen französischen Platting. An der Schnalle werden vier Parten mit Doppelbuchten befestigt.

Das breite Schulterband für die Ziehharmonika besteht aus drei schmalen, aneinandergenähten, sechspartigen Plattingen.

SICHERHEITSLEINE

Ich entdeckte dieses Hilfsmittel für Arbeiten in der Takelage im „Handbuch für Seemannschaft“, das 1929 bei der Ausbildung am königlichen Institut der Marine zu Willemsoord in Holland benutzt wurde. Zitat: „Ein Tau wird auf diese Weise zu einer französischen Platting geflochten – mit dem Ziel, eine Sicherheitsleine zu machen; das ist ein Stück Leine, das bei gefährlichen Arbeiten um den Körper des Mannes gelegt wird, damit er nicht über Bord fallen kann“.

Ich verarbeitete ein dreisträngiges, 425 cm langes und 16 mm dickes Polypropylen-Tau. Für die 60 cm lange Schlinge (Länge der Platting 120 cm) benötigt man ca. 140 cm Tau, und für den Spleiß 25 cm (viermal Durchstecken und zusätzlich Verjüngung).

Die Sicherheitsleine besteht aus einem Augspleiß, der mit einem Türkischen Bund vergrößert bzw. verkleinert werden kann, um sie dem Körperumfang anpassen zu können.

Das Auge der Sicherheitsleine wird durch einen Spleiß geschlossen. Der Spleiß ist vorschriftsmäßig, und das Ende der Sicherheitsleine ist mit einem genähten Takling versehen (S. 64, Abb. 5).

ANKERKETTENSTOPPER

2

3

4

5

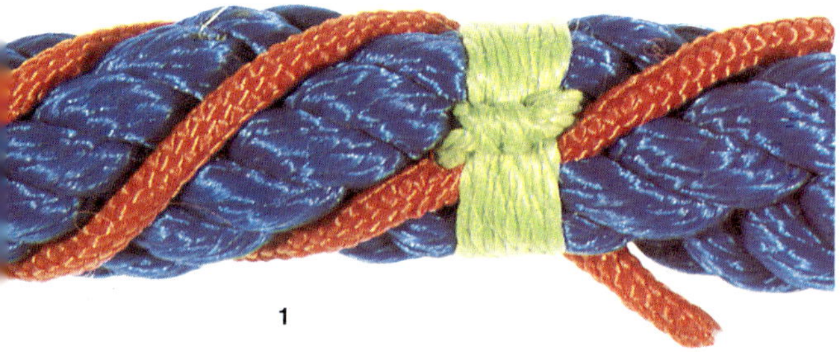

1

Zitat aus dem „Leitfaden für die Kenntnis der Takelage, Masten, Segel usw. des Schiffes“ von J.C. Pilaar und G.P.J. Mossel (1858): „Der Tau- und Hakenstopper dient dazu, Leinen oder Ketten zu stoppen, wenn sie lang genug ausgerollt sind. Er besteht aus einem Stück Tau oder Wantschlag, das ca. 3,5 Ellen lang ist und die Dicke von Großwanten hat. An dem einen Ende ist eine schwere Öse mit Haken eingespleißt, der in einen zu diesem Zweck auf Deck angebrachten Ringbolzen eingehakt wird. Am anderen Ende befindet sich ein Taljereeps- oder Stopperknoten. Vor diesen Knoten und auf das Tau wird mit einer Öse eine schwere Zeising, der Kreuzspan oder Schweif, gezogen. Der Stopper aus kräftigem Tauwerk ist auf der gesamten Länge mit Schiemannsgarn bekleedet. Man legt ihn an der Kette entlang und setzt ihn mit dem Kreuzspan an der Kette fest, indem man den Kreuzspan straff um die Kette und den Stopper windet. Das Ende des Kreuzspans wird mit halben Schlägen belegt. Je nach Bedarf werden zwei oder noch mehr Stopper auf die Kette gesetzt.“

Abb. 1 zeigt das zunächst getrenste Tau des Stoppers (rote Schnur in den Keepen des blauen kabelgeschlagenen Taus), das bis zum Stopperknoten mit weißem Schiemannsgarn bekleedet wird.

Abb. 2: Dieser Stopperknoten ist ein Taljereepsknoten. In Abb. 3 sieht man den aus dreipartiger Polypropylen-Leine zu einer sechspartigen, einfachen Platting geflochtenen Kreuzspan mit dem Auge, das über den Stopper gezogen wird (Abb. 4). Der Kreuzspan wird verjüngend gearbeitet. Abb. 5 zeigt, wie beim Flechten in etwa regelmäßigen Abständen einzelne Kabelgarne nacheinander herausgenommen wurden. Auf diese Weise kann man selbst entscheiden, in welchem Tempo die Verjüngung abläuft (nicht zu schnell!).

Es ist darauf zu achten, daß sich die ausgedünnten Parten nach dem Abschneiden der herausgenommenen Garne nicht verschieben, sondern an der richtigen Stelle in der Platting bleiben.

Am besten kettelt man auf der Unterseite die ausgedünnten Parten mit einem genähten Takling ab und schneidet erst dann die herausgenommenen Garne ab.

AFFENFAUST

1

Hier wird gezeigt, wie man auf einfachste Art eine Affenfaust anfertigt. Man macht diesen Knoten mit jeweils drei oder mehr Windungen.

Abb. 1: Man nimmt die feste Part der Leine in die linke Hand und schlägt mit der ausreichend langen freien Part zwei volle Rundtörns – im Uhrzeigersinn – um die Finger der rechten Hand. Die Buchten – insbesondere die letzte – hält man mit dem Daumen gut fest. Den letzten Törn biegt man im rechten Winkel nach unten und ...
Abb. 2: legt nun zwei Rundtörns – gegen den Uhrzeigersinn – um die ersten herum.
Abb. 3: Nun steckt man auf der linken Seite die freie Part von vorne nach hinten durch die ersten zwei Rundtörns, legt auf der Hinterseite das Ende um diese Rundtörns herum und steckt es nach vorne wieder zurück. Dann legt man noch einen zweiten Törn in der gleichen Art. Die freie Part kommt dann an anderer Stelle als die feste Part aus dem Knoten heraus.
Abb. 4: Man bindet in das äußerste Ende der freien Part einen Acht- oder einfachen Knoten und steckt ihn in die Mitte der losen Affenfaust zurück. Am Knoten befestigt man eine Hilfsleine, damit man beim Anziehen der Affenfaust nicht in Schwierigkeiten kommt.

Damit man eine richtige Affenfaust bekommt, muß man die losen Buchten mehrmals durchholen. Dabei bildet sich dieser schöne Knoten, wie man ihn im Hafen an den Wurfleinen der Festmacherleute sieht, langsam heraus.
Die Praxis hat gezeigt, daß man in der Mitte kein Gewicht einzuflechten braucht, um mit einer derartigen Leine gut werfen zu können.

4

2

3

5

1

NOCH MEHR AFFENFÄUSTE

Abb. 1 zeigt eine Mini-Affenfaust links neben dem Block. Sie wurde aus 0,7 mm dickem „Medium-waxed Polyester Whipping-twine“ gefertigt. Der Durchmesser des Knotens beträgt 4,7 mm. Der kleine Block daneben ist ebenfalls ein Miniformat, aber voll funktionsfähig. Die Scheiben drehen sich um eine Messingachse. Angefertigt wurde dieser Doppelblock mit einer Länge von nur 14,6 mm von einem befreundeten Modellbauer.

Abb. 2 zeigt fünf kleine Affenfaust-Anhänger. Die orangefarbenen wurden aus 5 mm dicker Markierungsleine geknotet, der weiße aus 3 mm dicker Schnur. Die beiden Enden wurden entweder im Knoten vernäht oder zum Aufhängen benutzt.

Die Affenfaust des Schlüsselanhängers in Abb. 3 wurde aus 4 mm dicker Leine um eine Holzkugel herum geflochten. An der Wurfleine in Abb. 4 sieht man eine mit dem Ende der Leine selbst geformte Affenfaust.

2

3

4

GRUMMETSTROPP AUS STAHLKABEL

Um ein Grummetstropp aus Stahlkabel zu fertigen, braucht man ein aufgedrehtes Stahlkabel, von dem man ein Kardeel für die Anfertigung des Grummetstropps verwendet. Dann geht man exakt nach der Bildsequenz vor. Beim Ineinanderdrehen der Enden ist darauf zu achten, daß nach einem vollständigen Umlauf das linke Ende vor dem rechten verläuft. Nach sechs Umläufen werden die beiden Enden gerichtet, d.h. die Wellungen müssen entfernt werden.
Abb. 7 und 8: Dann steckt man bei der letzten Kreuzung das linke Ende durch das rechte und zieht beide Enden so fest an, daß der Grummetstropp eine schöne runde Form erhält.
Abb. 7 und 9: Anschließend muß man die beiden Enden in das Innere des Grummetstropps legen. Das gelingt, wenn man sie mit Hilfe eines Marlspiekers zu ihrem Platz zwingt. Wo die beiden Enden zusammentreffen, werden sie auf gleicher Länge gekappt, aber zuvor sollten sie wegen der Gefahr des Ausfransens mit Klebeband abgebunden worden sein.
Abb. 10: Der Grummetstropp ist fertig, wenn man die Enden sorgfältig in den inneren Bereich gesteckt und den Ring in die richtige Form geklopft hat.

1

3

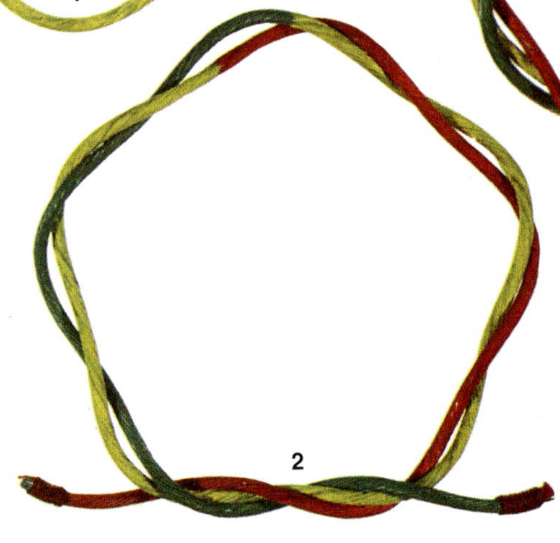
2

4

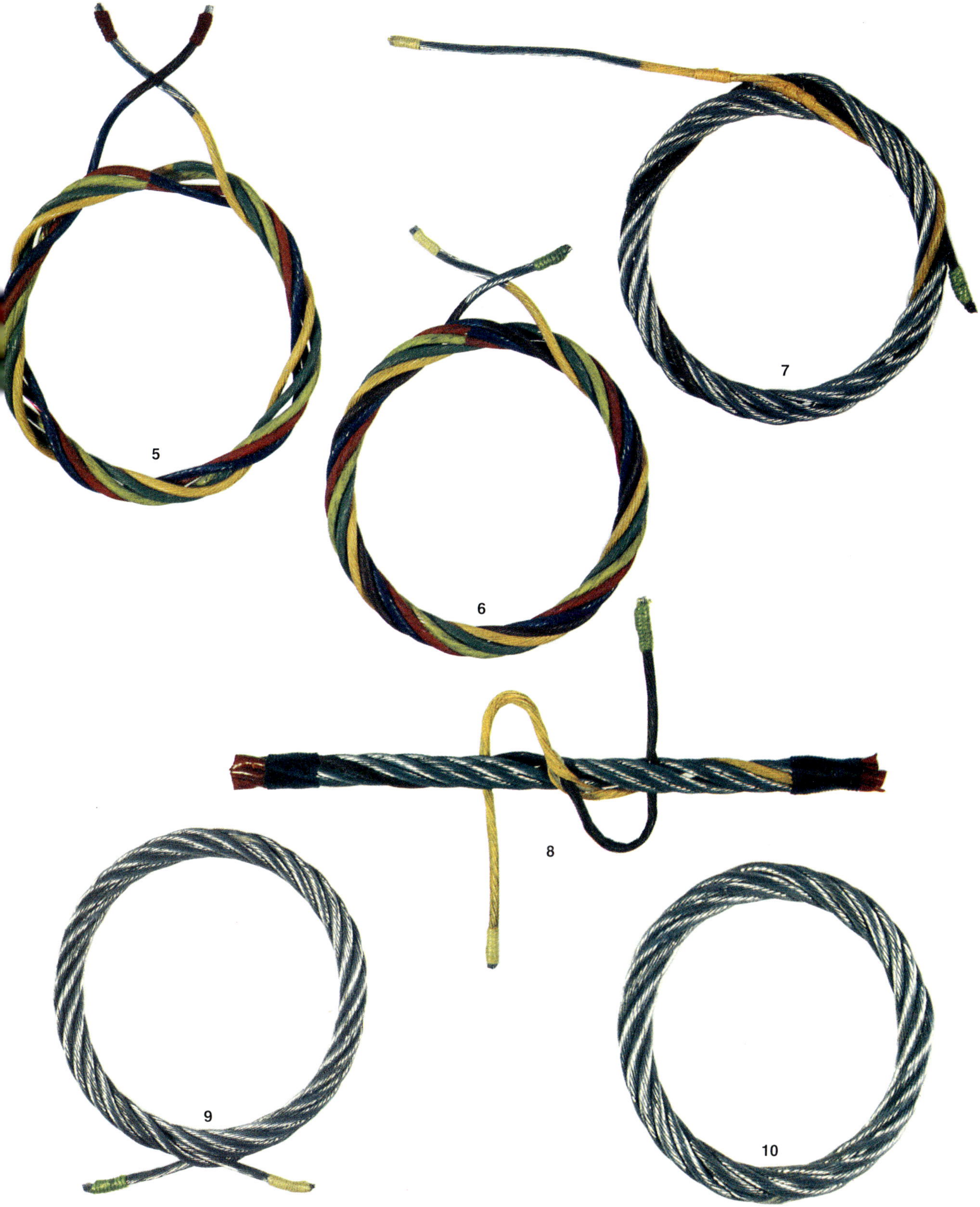
5
6
7
8
9
10

GRUMMET-STROPP AUS SEIL

Für einen gewöhnlichen, dreisträngigen Grummetstropp benötigt man ein Kardeel eines dreifach geschlagenen Taus, dessen Länge etwas mehr als das Dreifache des vorgesehenen Umfanges des Ringes beträgt. Der einzukalkulierende Zuschlag ist für das abschließende Zusammenziehen und Spleißen.
Früher wurden Grummetstropps vielfach verwendet, unter anderem als Stropp um einem Block, als Ring um die Öffnung einer Pütz oder eines Taklingsäckchens, als Tragegriff an der Seemannskiste oder als Ring zum Festsetzen von Holzkeilen beim Leimen oder Schienen eines gebrochenen Mastes.

Abb. 1: Man legt den ersten Rundtörn (bei S-geschlagenem Kardeel links hinter rechts) und dreht den zweiten bündig in die natürlichen Spiralen des ersten.
Abb. 2: Das freie Ende wird nun beim dritten Rundtörn mit gleichmäßigem Druck und unter leichtem Drehen in die Keep gedreht.
Abb. 3: Zur Abkettelung der Enden (manilafarben und gelb) drehen wir die Kreuzung nach oben, so daß das linke (gelbe) Abkettelungsende sich vor dem (nun orangefarbenen) rechten Abkettelungsende befindet.
Abb. 4: Um die Spleißstelle unsichtbar zu gestalten, werden die Kardeele halbiert. Mit der einen Hälfte schlägt man einen Überhandknoten (den linken Part über den rechten), zieht ihn fest und spleißt ihn ein. Bei jedem Durchstecken wird etwas Garn weggenommen. Bevor die Enden jedoch gekappt werden, sollte der Grummetstropp einmal kräftig gestreckt werden.
So verschwinden Unregelmäßigkeiten, und die Spleißenden werden auf die erforderliche Länge gebracht.

1

2

3

4

GRUMMETSTROPPS IN DER TAKELAGE

Die Fotos dieser Seiten und der Seiten 8, 10, 11, 15 und 103 zeigen Teile des VOC-Schiffes BATAVIA, eines Nachbaus aus dem 17. Jahrhundert. Es liegt im Hafen von Lelystad, Niederlande und soll voraussichtlich 1995 vom Stapel laufen.

LIEBESKNOTEN

1 2 3

Dieser Knoten ist sehr beliebt in Taschenmesser-, Taschenuhr- oder Pfeifenschüren. Liebende machen sich diesen Knoten auch gegenseitig ins Halstuch, um zu zeigen, daß sie ineinander verliebt sind. Die schönsten Liebesknoten sah ich als Armbänder bei Des und Liz Pawson aus Ipswich, England (Abb. 8). Sie wollten damit ihre Liebe füreinander und für ihr Geschäft „Footrope Knots“ demonstrieren. Liz trug zusätzlich einen sehr schönen, als Liebesknoten gestalteten Ring (Abb. 9).

Abb. 1: Der Knoten ist in seiner Grundform bereits fertig mit zwei halben Schlägen. In Abb. 2 ist er festgezogen. Will man ihn verdoppeln, muß man erst mit der rechten freien Part (rot/grün) der linken Bucht (gelb) folgen und dann durch diesen Knoten (gelb) nach oben durchstecken (Abb. 3). Dann folgt man mit der linken freien Part (gelb) der rechten Bucht (rot) und steckt sie durch den rechten Knoten nach oben.

Abb. 4: Man folgt dann mit der linken freien Part (grün) auf der Vorderseite der rechten oberen Bucht (rot) und steckt von der Rückseite durch den Knoten (rot/gelb) nach unten durch. Im Bild ist der Knoten gedreht.

Abb. 5: Zum Schluß legt man die andere freie Part (von rechts hinten kommend, gelb/orange) an der linken oberen Bucht (gelb) entlang und steckt sie durch den linken Knoten (gelb/grün) nach unten durch. Die beiden freien Parten liegen nun wieder nebeneinander, und man kann die Enden und Buchten zu einem schönen und soliden Knoten fest zusammenziehen (Abb.6).

Abb. 7 zeigt einen einfachen und einen doppelten Liebesknoten.

4

5

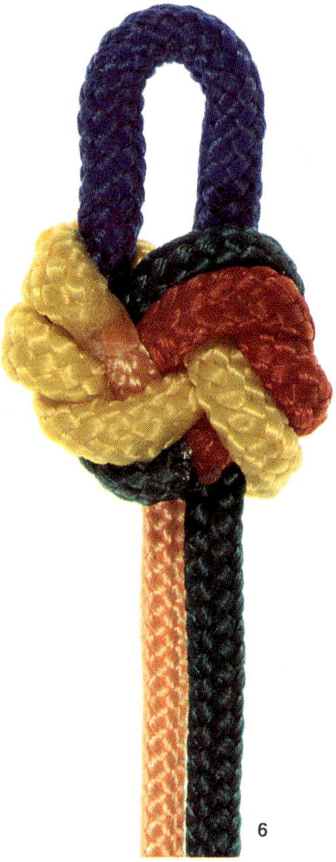

6

7

8

9

SEEMANNSKREUZ

Das Seemannskreuz ist ein Liebesknoten mit zwei Seitenschlaufen, den man leicht anhand der Abbildungen 1 - 5 formen kann. Man zieht die mittlere rechte Bucht (rot) durch den linken Knoten (blau/gelb/grün) und die linke Bucht (gelb) durch den rechten Knoten (blau/rot/grün). Hält man die beiden Enden fest und zieht die Schlingen (rot, blau, gelb) fest zu, bekommt man einen ordentlichen und stabilen Knoten. Er läßt sich gut bei Messerschnüren und ähnlichem einsetzen, ebenso bei der Befestigung einer Leine zum Aufsetzen eines Mastes oder als Anfang einer gehäkelten Bekleedung eines Fenders oder einer Flasche. Für den Seemann auf See war dieses Seemannskreuz keine ungewöhnliche Weihnachtsdekoration (Abb. 6 und 7).

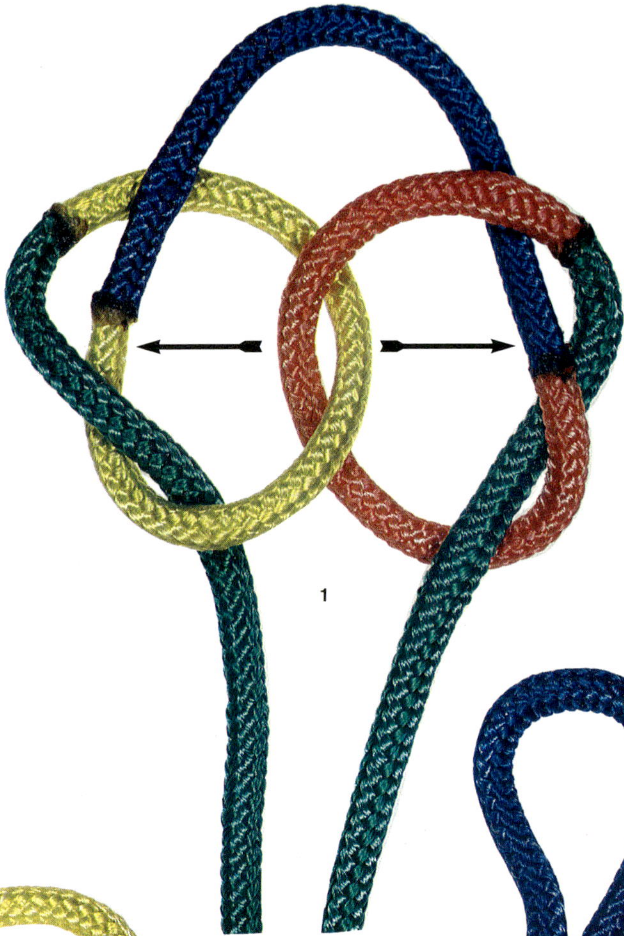

1

4

5

2

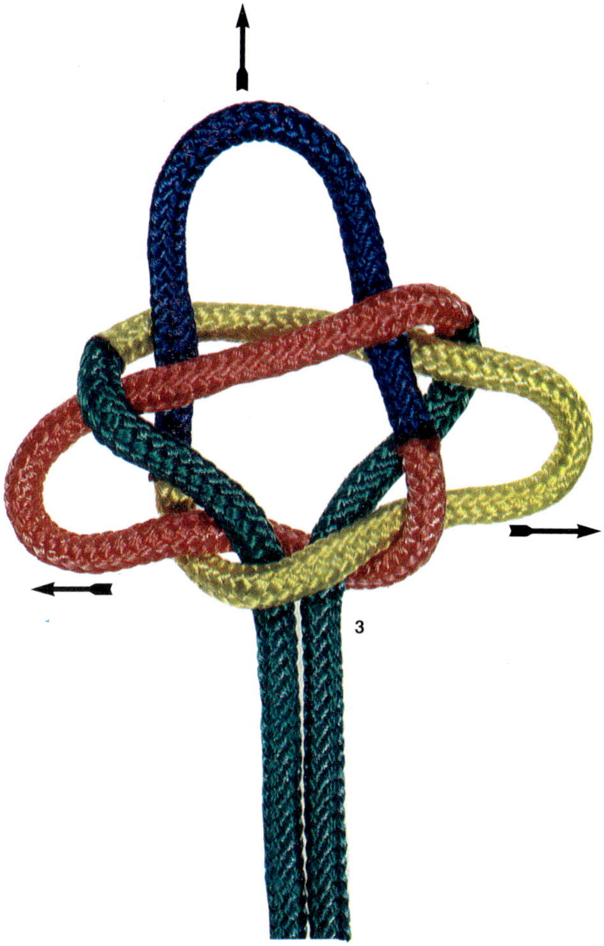

3

6

7

DOPPELTER WANDKNOTEN UND DOPPELTER ÜBERHANDKNOTEN

1

2

3

6

7

Der Doppelte Wandknoten (Abb. 1 - 5) wurde früher gern zur Verschönerung in schwarze Seidenschnüre gebunden, die man an Brillen, Monokeln, Lorgnetten, Uhrketten usw. befestigte. Der Seemann nahm meistens stärkeres Bändselgarn und knotete ihn in Schnüre für sein Taschenmesser, den Marlspieker, die Bootsmannspfeife oder seine Tabakspfeife. Aus den Abbildungen ist der Herstellungsvorgang deutlich zu entnehmen.

4

5

8

9

Der Doppelte Überhandknoten (Abb. 6 – 8) beginnt ähnlich wie der Wandknoten. Er wurde früher gern zum Anstecken von zwei Leinen benutzt, weil er weder die Eigenschaft hat, sich so festzuziehen, daß man ihn nicht wieder lösen kann, noch daß er leicht slipt.

Aus der Kombination dieser beiden Knoten läßt sich eine dekorative Schnur herstellen, wie in Abb. 9 zu sehen ist.

1 2 3 4 5 6

ECHTER LIEBHABERKNOTEN

Einer der vielen Liebhaber- oder Liebesknoten ist der Echte Liebhaberknoten. Er besteht aus zwei einfachen Überhandknoten.
Abb. 1: Man legt einen großzügigen halben Schlag (Auge nach links legen, hinten herum, vorne durch) in das Seil, bildet mit der unten herausragenden Part eine weite Bucht und steckt sie von hinten durch den geformten halben Schlag nach oben durch.
Abb. 2: Diese Part (rot) holt man nun nach vorne.
Abb. 3: Dann legt man sie um die unterste Bucht herum und steckt sie von hinten nach vorne durch den Mittelpunkt des Knotens nach oben neben das anderen Ende.
Abb. 4: Zuerst holt man die durchgesteckte Part fest und dann (Abb. 5 und 6) das andere Ende.
Die Abb. 7 zeigt ein interpretationsbedürftiges „Selbstporträt“ der Verfasser dieses Buches: Wim de Bruijn als Initiator und Vordenker, Floris Hin als Fotograf und Theo Kampa als Knotenmacher.

7

ZWEIPARTIGER DIAMANTKNOTEN

1

2

Das Prinzip dieses Knotens ist, mehrere Augen übereinander und ineinander zu legen. Die ersten Augen legt man am besten auf einem Brett und folgt dabei exakt den Abbildungen 1- 5. Holt man zum Schluß die Parten durch, entsteht eine nicht verschiebbare Schlinge, und der Diamantknoten ist fertig.

Die Abbildungen 6 – 8 zeigen, wie man den Diamantknoten verdoppelt. Dabei legt man beide Parten parallel zur nächstliegenden Bucht. Hierbei muß man darauf achten, daß die Parten obenauf in der Mitte des Knotens herauskommen. Holt man die Lose in den Buchten durch, hat man einen Doppelten Diamantknoten.

3

4

5

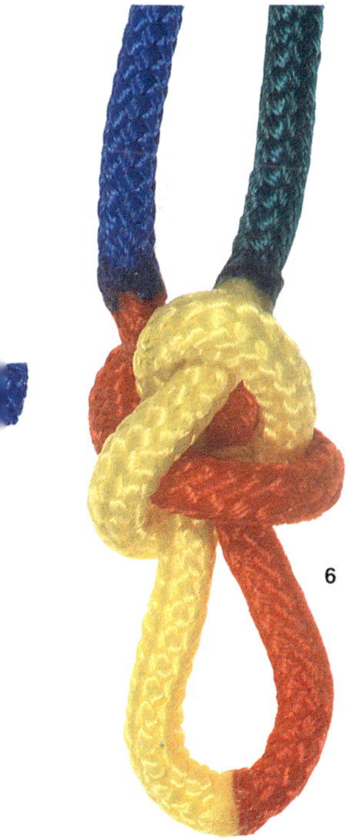
6

7

8

DOPPELTER DIAMANTKNOTEN

1

2

3

7

8

9

10

Auch bei diesem Knoten ist es wichtig, den halben Schlägen und Buchten in den Abbildungen exakt zu folgen. Wichtig – wie bei allen Knoten – ist es, zum Schluß die Buchten in kleinen Schritten anzuziehen. Denn so läßt sich die Bildung des Knotens gut verfolgen, und eventuelle kleine Korrekturen an dem richtigen Verlauf bzw. der korrekten Lage der Buchten bleiben möglich. Die Abb. 7 – 11 zeigen das Legen einer Verdoppelung, und die Abb. 12 zeigt einen „Sextopus" aus drei ineinandergeschlungenen Doppelten Diamantknoten.

4

5

6

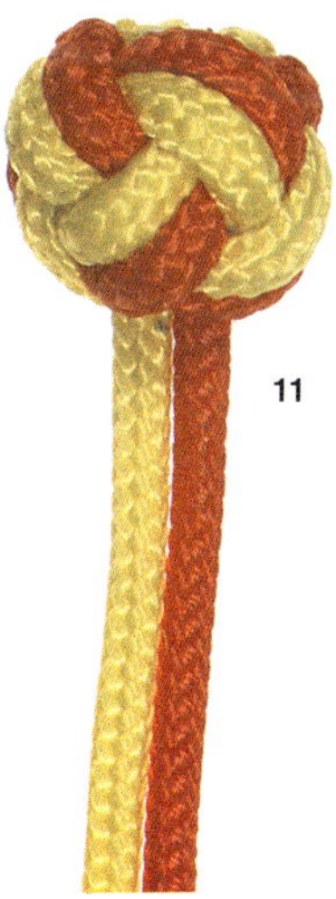
11

12

ANHÄNGER

1

8

2

3

9

Viele der auf dieser und der folgenden Seite abgebildeten Anhänger sind aus Doppelten Diamantknoten aufgebaut. Verwendet man diesen Knoten in diversen Kombinationen und an unterschiedlichen Stellen, lassen sich wunderbare und erstaunliche Effekte damit erzielen.
Abb. 1: Der obere Knoten ist ein Doppelter Wandknoten, der untere ein Doppelter Diamantknoten.
Abb. 2 und 3: Ohrclips mit Einfachem und Doppeltem Diamantknoten, angefertigt von Des und Liz Pawson. Abb. 4: Ein aufgenähter Blusenverschluß. Auf der einen Seite befindet sich ein Doppelter Diamantknoten, der durch die Schlaufe der anderen Seite gesteckt wird.

Abb. 5: Vier Doppelte Wandknoten dicht nebeneinander. Abb. 6: Ein Schafottknoten. Abb. 7: Unten ein Doppelter Diamantknoten, oben ein Schafottknoten. Abb. 8: Doppelter Diamantknoten mit Auge und Akzentfaden zwischen den Verdoppelungen.
Abb. 9: Eine reizvolle Endlosschlinge.
Abb. 10: Doppelter Diamantknoten.
Abb. 11: Ein schöner Schlüsselanhänger.
Der obere Doppelte Wandknoten hat 32 mm Ø, der untere Doppelte Diamantknoten 46 mm Ø.

5

10

6

11

4

7

KOMPASSROSE

Dieser strahlenförmige Kranz besteht aus zehn Schlüsselanhängern mit Doppelten Diamantknoten in verschiedenen Ausführungen und wurde gestaltet von Des und Liz Pawson in ihrem Geschäft „Footrope Knots“ zu Ipswich, England.

PFEIFENSCHNÜRE UND WERKZEUGZEISINGE

Wer Arbeiten oben im Mast oder bei bewegter See an Deck einer Yacht ausführen muß, sollte jedes Werkzeug mit einer Leine gesichert haben. Derartige Sicherungsleinen können richtige Schmuckstücke sein. Der phantasievollen Gestaltung sind keine Grenzen gesetzt.

Abb. 1: Bootsmannspfeifenschnur mit Einfachem und Doppeltem Liebhaberknoten, Einfachem Stopperknoten und rechtem und linkem Doppeltem Wandknoten.
Abb. 2: Marlspieker mit Sicherungsleine aus Viereckiger Platting und Doppeltem Pferdeknoten (S. 98).

Abb. 3: Messerschnur mit linksgedrehter Flachknotenplatting, linker und rechter Kreuzplatting, getrenstem Auge und Türkischem Bund.
Abb. 4: Schnur mit Achtknoten, Doppeltem Pferdeknoten, rechts/links geschlagenem Doppeltem Diamantknoten, Doppeltem Wandknoten, linker/rechter Flachknotenplatting, halb verdoppeltem Stopperknoten, Kreuzknoten- und Stopperstekplatting und verdoppeltem Schäkelspleiß.
Abb. 5: Engländer-Zeising aus dreikardeeliger Hanfleine mit bekleedetem Augspleiß und einem zweiten Augspleiß mit einem Sternknoten als Verzierung.

7

DOPPELTER PFERDEKNOTEN

Abb. 1: An der Stelle, wo der Knoten später sitzen soll, legt man einen Würgestek. Zunächst macht man einen Kreuzstek (gelb/rot). Dazu schlägt man die linke freie Part (gelb) linksherum an der Vorderseite entlang (blau), dann hintenherum und steckt sie von unten hinten nach oben vorne durch das (rote) linke Auge. Die andere Part schlägt man rechtsherum hinten entlang (grün) und steckt sie von links unten vor dem Knoten entlang nach rechts oben durch das gelbe Auge. Abb. 2: Nun wird die blaue, linke Part von links oben nach rechts unten über die gelbe und unter der grünen Bucht hindurch geholt. Abb. 3: Nun muß man den Knoten drehen und mit der anderen Part das gleiche durchführen. Abb. 4: Hat man den Knoten wieder zurückgedreht, holt man die blau/rosarote Part von vorne nach hinten um die nächstliegende (gelb/blaue) Bucht herum und steckt die rosarote Part von unten nach oben quer durch den noch losen Knoten, so daß sie an der Oberseite in der Mitte des ersten (gelb/roten) Kreuzknotens (Abb. 1) herauskommt. Abb. 5: Danach macht man das gleiche mit der grün/lilafarbenen Part. Abb. 6: Zieht man die Enden vorsichtig fest, entsteht ein reizvoller Knoten, wie in Abb. 7 zu sehen ist.

1

2

3

4

5

6

1

2

DREIPARTIGER DOPPELTER WANDKNOTEN

Mit dem Wandknoten und dem Kronenknoten beherrscht man fast die gesamte „Knotenwelt“. Wenn man diese erst einmal spielend beherrscht und sich traut, damit zu experimentieren, entdeckt man, daß man von nun an fast jeden Knoten anfertigen kann. Im weiteren wird also regelmäßig auf diese Seiten verwiesen. Beim Anfertigen des Wandknotens ist es leicht, den abgebildeten Stadien (Abb. 1 – 3) Schritt für Schritt zu folgen. Wichtig ist, den Ablauf so oft zu wiederholen, bis man die Handgriffe aus dem Effeff kann. Dieser Knoten läßt sich, wie in Abb. 4 gezeigt, leicht verdoppeln. Legt man die Buchten oben entlang, entsteht das Bild 5. Bild 6 ensteht, wenn man die Buchten unten entlangführt.

a

3

4

KRONENKNOTEN

Für die Herstellung des Kronenknotens gilt dasselbe wie für den Wandknoten. Sieht man sich die Abbildungen genau an, erkennt man, daß der Kronenknoten die Umkehrung des Wandknotens ist (Abb. a und b).

b

5

6

TALJEREEPSKNOTEN

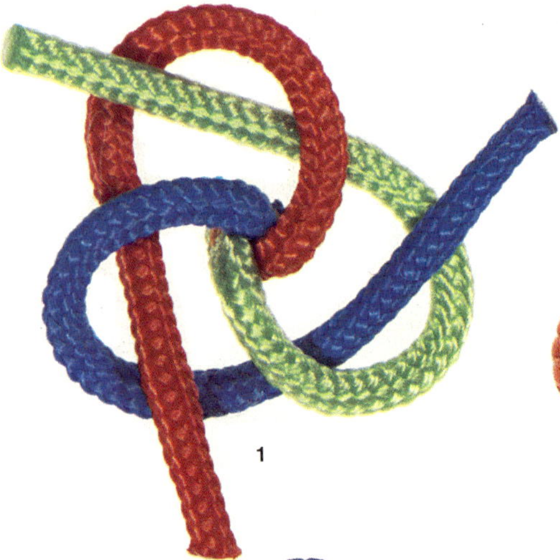

1

2

3

4

Oft wird der Taljereepsknoten auch als Einfacher oder Doppelter Schauermann bezeichnet (Le Comte und Pilaar Mossel). A. Muchall-Viebrook bezeichnet 1889 in seinem Buch „Seglers Handbuch“ unseren Fallreepsknoten als Taljereepsknoten. Man sieht in dem Beispiel hier einen etwas platten Knoten mit einem großen Durchmesser, der mit seiner großen flachen Ebene auf dem Jungfernblock ruhen kann. Meistens wurde dieser Knoten erst dann Taljereepsknoten genannt, wenn er in ein vierkardeeliges Seil gelegt worden war, da ein Taljereep normalerweise immer vierkardeelig ist.

Abb. 1: Man beginnt mit dem Wandknoten und verdoppelt ihn dann (Abb. 2). Es fällt auf, daß die freien Parten durch ihre eigenen Ausgangsbuchten gelegt werden. Hat man den Knoten festgezogen, näht man dicht neben dem Knoten auf die ineinandergeschlagenen Parten ein Takling und schneidet die Enden ab (Abb. 4).

Auf dem Foto auf Seite 103 sieht man ein Detail des rekonstruierten VOC-Schiffes Batavia. Es zeigt die großen Wanttaljereepen in ihrer vollen handwerklichen Schönheit. Die Taljereepsknoten befinden sich auf der Innenseite der oberen Jungfernblocks. Damit die Reeptaue nicht schamfielen, sind die Löcher in den Jungfernblöcken platt und glatt gearbeitet.

FALLREEPSKNOTEN

Im Jahre 1958 haben Pilaar und Mossel in ihrem Buch „Anleitung zur Kenntnis der Takelage, Masten und Segel“ einen Fallreepsknoten beschrieben, den wir heute allgemein als Diamantknoten bezeichnen. Kaum ein dreiviertel Jahrhundert später, im Jahre 1929, gibt die Niederländische Königliche Marine in ihrem „Handbuch für die Seemannschaft – Zum Gebrauch beim Unterricht am Königlichen Institut der Marine zu Willemsoord“ dem hier beschriebenen Knoten den Namen Fallreepsknoten. „Der Fallreepsknoten ist ein halber Wandknoten mit einem Kronenknoten obendrauf; danach wird der Wandknoten verdoppelt, und die drei Enden werden unten durchgesteckt. Dieser Knoten wird auf das untere Ende des Handläufers gelegt, damit dieser nicht durch die Hände gleiten kann. Am unteren Durchzug dient er als Verzierung.“

Eigentlich ist der Fallreepsknoten ein Wandknoten, auf den ein Kronenknoten gelegt ist. Dort, wo der Knoten auf der Leine sitzen soll, legt man zunächst einen Würgestek. Der verhindert, daß sich beim Anziehen der Buchten die Leine entdrillt.

Abb. 1: Man beginnt mit einem Wandknoten (s. S. 100) und bindet darüber einen Kronenknoten (Abb. 2).
Abb. 3: Man verdoppelt den Wandknoten mit Buchten (gelb und blau), die man oben entlang legt.
Abb. 4: Danach verdoppelt man den Kronenknoten, wobei man die freien Parten oben durch die Mitte des Kronenknotens quer durch den Knoten nach unten steckt, so daß die Enden zwischen den Knoten und der Leine herauskom-

6

1

2

men. Abschließend werden die einzelnen Buchten dicht geholt (Abb 5).
Abb. 6 zeigt die wunderschöne Verarbeitung eines Fallreepsknoten am Pfosten eines alten Laufsteges. Vor dem Legen des Knotens wurde jede Part mit Segeltuch bekleedet. Hinter dem Knoten befindet sich ein großer runder Schutzring aus Leder, damit der lackierte Holzpfosten nicht schamfielt. Der nach links verlaufende Handläufer wurde auf seiner gesamten Länge mit Segeltuch bekleedet und mit einer Schnur getrenst.

3

4

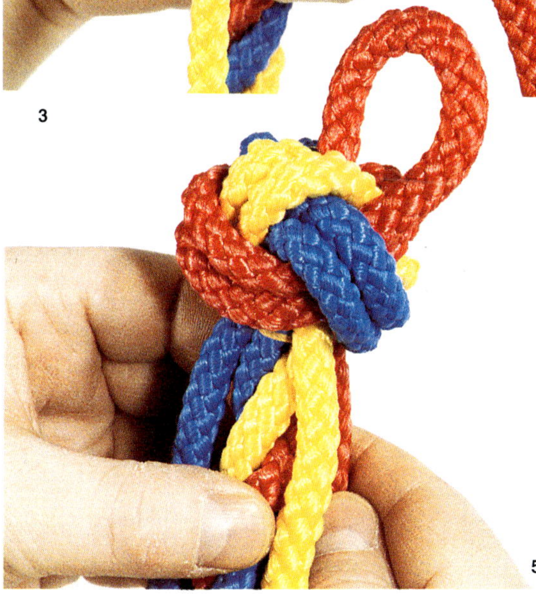

5

STOPPERKNOTEN

Pieter le Comte schreibt 1842 in seiner „Praktischen Seefahrtskunde“ folgendes über diesen Knoten: „Ein Fallreepsknoten; dieser Knoten, der auf Fallreepen als Endknoten gebräuchlich ist, wird folgendermaßen gelegt ...“

Nach näherer Untersuchung kommt man aber schnell zu dem Schluß, daß der dort beschriebene Knoten derselbe ist wie der heutige Diamantknoten (S. 90). In Bezug auf den Stopperknoten stimmen Pilaar/Mossel (1858)

1

2

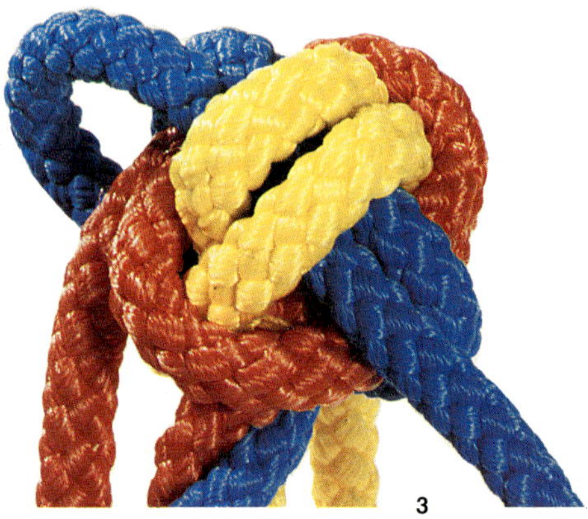

3

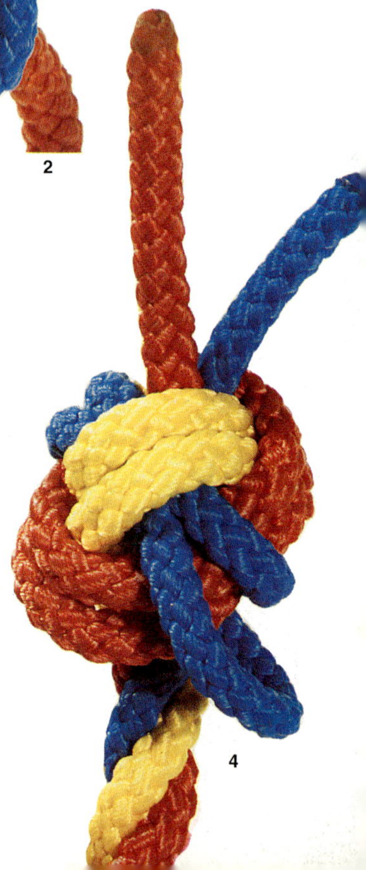

4

5

und das „Handbuch für die Seemannschaft“ der Marine (1929) nicht überein. Pilaar und Mossel sagen, daß der „Schauermannsknoten bei entsprechendem Gebrauch den Namen Taljereeps- und Stopperknoten erhält, wenn die drei Enden über dem Knoten beigetakelt werden“. Demgegenüber lehrt die Marine: „Der Stopperknoten. Man legt einen halben Stopperknoten, obendrauf einen Kreuzknoten und verdoppelt danach den halben Stopperknoten. Nun werden die drei Parten so durchgesteckt, daß sie oben zusammenkommen, und sie werden dann zu einer Trosse ineinandergedreht. Dieser Knoten wird auf das Ende des Ankerstoppers gesetzt.“ Hierbei stellt sich heraus, daß der Kronenknoten nicht verdoppelt ist. Unser Knoten ist eine Variation dessen, bei der auch der Kronenknoten verdoppelt wird.

Im Prinzip ist der Stopperknoten also ein Kronenknoten, unter den ein Wandknoten gelegt worden ist (s.S. 100).

Abb. 1: Zunächst bindet man die Parten mit einem Würgestek ab und legt dann einen Kronenknoten.

Abb. 2: Dann kommt darunter, um die feste Leine herum, ein einfacher Wandknoten. Dieser wird in derselben Richtung wie der Kronenknoten gelegt.

Abb. 3: Darauf verdoppelt man zuerst den Kronenknoten außen entlang. Achtung: Die freien Parten laufen diagonal über die Bucht, die verdoppelt werden soll.

Abb. 4: Anschließend verdoppelt man den einfachen Wandknoten, wobei die Enden von unten quer durch den Kern des Knotens gesteckt werden. Die freien Parten kommen aus der Mitte des fertigen Knotens heraus.

Abb. 5: Eine schön geformte, freistehende Krone als Stopper aus einem 3 mm dicken Stahlkabel.

Abb. 6: Der Stopperknoten als Abschluß eines Augspleißes auf dem Haltetau einer Garderobenstange.

6

EINFACHER DREIPARTIGER FUSSPFERDKNOTEN

Auf den Seiten 14 und 15 war die Rede von den Pferden und Springpferden. Hier zeigen wir, wie ein Pferdeknoten schrittweise gemacht wird.

Der Fußpferdknoten gehört zu der großen Familie der Stopper- und Endknoten, die es in zahlreichen Variationen gibt. Das Endprodukt ist jeweils ein schöner, voller und solider Knoten am Ende oder auf dem Tau.

2a

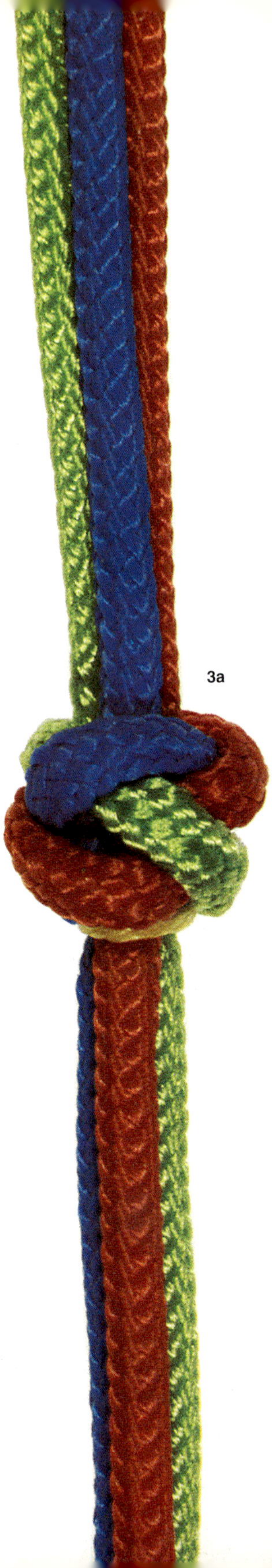

3a

1a

METHODE A
Abb. 1a: Man macht einen Kronenknoten und darunter einen Wandknoten. Dann holt man die (rot/gelbe) freie Part um sich selbst herum und steckt sie quer durch den Knoten nach oben.
Abb. 2a: Dann wiederholt man dies mit den beiden anderen Parten.
Abb. 3a: Abschließend zieht man den Knoten vorsichtig fest.

METHODE B
Abb. 1b: Man beginnt mit dem Kronenknoten. Dabei legt man die (rot/gelbe) freie Part um das nächstliegende (blaue) Ende herum und steckt es von unten nach oben durch die Mitte des Kronenknotens. Das gleiche macht man mit den beiden anderen Enden.
Abb. 2b: Dieser vorsichtig festgezogene Knoten ist etwas weniger voll als der nach der ersten Methode hergestellte.

1b

2b

DOPPELTER DREIPARTIGER FUSSPFERDKNOTEN

1

2

Dies ist sicher der schönste der vielen Fußpferdknoten: Wenn er festgezogen und modelliert ist, hat es den Anschein, als sei ein schön geflochtener, kleiner, loser Ring horizontal über das Tau geschoben worden. Wir wissen natürlich, daß es sich um einen Knoten in dem Tau handelt. Das macht das Geheimnis und die Ausstrahlung des Knotens um so größer.
Abb. 1: Man macht einen Kronenknoten mit einem Wandknoten darunter. Abb 2 und 2a (von oben): Danach steckt man die freien Parten genau wie bei einem Kronenknoten von vorne nach hinten durch die ersten Buchten des Kronenknotens. Abb. 3: Dann steckt man die (rote) vorderste freie Part von links oben nach rechts unten über die (blaue) rechte und nächstliegende Bucht und unter der (grünen) folgenden Bucht hindurch. Diesem Verlauf entsprechend steckt man

2a

3

auch die beiden anderen Parten: Grün über Rot und unter Blau, bzw. Blau über Grün und unter Rot. Danach holt man den (blau/gelben) vordersten Part links vorbei an dem (roten) benachbarten festen Part nach rechts über die (grüne) nächstliegende Bucht herum und steckt ihn dann von außen her zwischen den beiden (roten und grünen) festen Parten hindurch: von unten nach oben quer durch den Knoten. Das Ende kommt nun in der Mitte des allerersten Kronenknotens oben zum Vorschein. Die beiden anderen Parten steckt man entsprechend. Schon beim Modellieren (Abb. 4 und 5) zieht man die Buchten langsam und vorsichtig an und verhindert so einen vollkommenen Wirrwarr. Und siehe da (Abb. 6), man bekommt ein überraschendes Ergebnis.

4

5

6

STERNKNOTEN

1

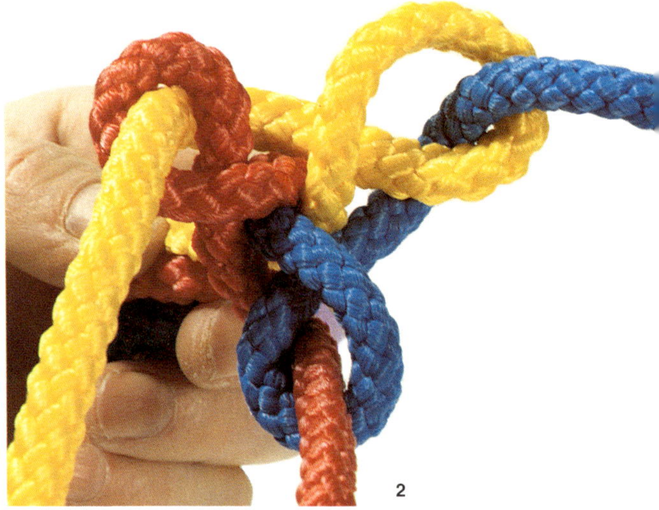

2

3

4

Dieser Knoten ist die Königin aller Knoten. Generationen von Seeleuten haben den Schiffsjungen in der Back erzählt, daß man sich nur dann „Ausgelernter Schiemann“ nennen dürfe, wenn man diesen Knoten beherrsche. Dazu mußte man ihn üblicherweise mit mehr als drei Kardeelen legen können. Doch dieser Zierknoten ist nicht schwieriger als all die anderen prachtvollen Knoten, die aus dem Wand- und Kronenknoten aufgebaut werden. Man muß nur darauf achten, den Knoten von Anfang an nicht zu fest anzulegen, damit man beim späteren Durchstecken der Parten genügend Luft hat.

Abb. 1: Man legt in jede Part ein unterschlagenes Auge.
Abb. 2: Man steckt jede freie Part von unter her durch das nächste Auge.

5

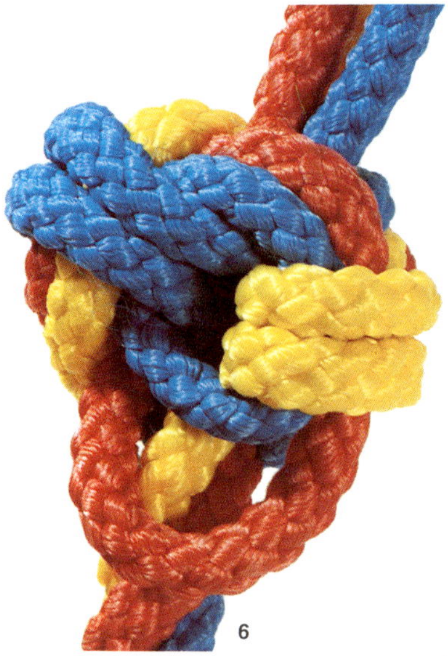

6

Abb. 3: Nun zieht man das Ganze ein bißchen an und legt obenauf einen Kronenknoten.
Abb. 4: Im weiteren legt man die rote freie Part von rechts nach links um das gelbe Ende herum und steckt es von außen durch die Mitte des Kronenknotens nach oben. Entsprechend verfährt man mit den beiden anderen Enden. Ergebnis: Die drei Parten kommen nun nebeneinander aus der Mitte des Knotens heraus.
Abb. 5: Nun legt man die rote freie Part an die Innenseite des (blauen) Auges und steckt sie von oben nach unten durch den doppelten Ring. Mit den beiden anderen Parten macht man dieselbe Verdoppelung.
Abb. 6: Man dreht den Knoten um und sieht, daß aus jeder Doppelbucht zwei Parten herauskommen: das soeben durchgesteckte freie Ende und die neben dem festen Ende des Taus liegende Bucht. Man verdoppelt diese letzte Bucht, indem man einen halben Schlag quer durch den Knoten nach unten führt. Nun zieht man diese Verdoppelung und die freien Parten – eventuell mit einer Zange – gut fest. Die Enden kettelt man, wie es richtige Takler machen, mit einem genähten Takling ab.

FENDER-KRONENKNOTEN

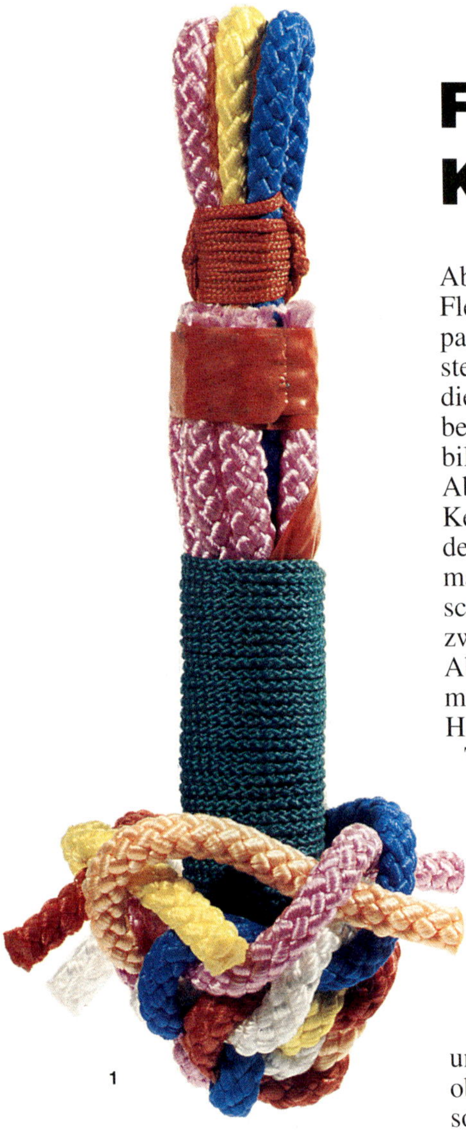

1

Abb.1 - 3: Man beginnt das Flechtwerk mit einem sechspartigen Kronenknoten. Dabei steckt man jedes Ende durch die Augen, die man mit den beiden benachbarten Parten gebildet hat.
Abb. 4: Man fährt fort, den Kern von unten bis oben mit derartigen Umläufen zu ummanteln. Den letzten Umlauf schließt man mit einem Spleiß zwischen Kern und Mantel ab.
Abb. 5: Auf diesem Foto sieht man, wie die Enden auf der Hälfte des Fenders zu einem Türkischen Bund verarbeitet sind. Solch ein Türkischer Bund läßt sich ebenso an anderen Stellen einarbeiten.
Abb. 6 und 7: Diese Umkleedung besteht aus zwei Ummantelungen, einmal von oben nach unten und dann von unten nach oben. So wird der Fender besonders dick. Den Abschluß bilden entweder ein Spleiß oder ein Takling.
Abb. 7: Ist der Kern spindelförmig, entsteht ein besonders schöner Fender mit auslaufender Form am Kopf bzw. am Fuß.

4

Abb. 1: Man fertigt einen Kern aus dreifach gelegten Parten. Auf der einen Seite Buchten und auf der anderen Seite soviel Längenzugabe, wie man für die Anfertigung der Ummantelung braucht. Den Kern bilden lose Parten, die mit einer Leine betakelt sind.

2

3

5

6

7

FENDER-STOPPERKNOTEN

Abb. 1: Man takelt in der Mitte einer ausreichend langen Leine eine Bucht, dreht die Kardeele auseinander und steckt unter diese sechs Kardeele einen Kern, den man unter der Bucht mit einem Takling befestigt. Nun wird der Kern mit Stopperknoten bekleedet.

Abb. 2: Die Kardeele sind an der Unterseite zwischen Mantel und Kern eingespleißt.

Abb. 3: Das untere Ende dieses Fender ist durch Verdoppelung der Kardeele in diesem Bereich verdickt worden.

1

2

3

FENDER-ANANASKNOTEN

Abb. 1: Man nimmt zwei Seilstücke und legt sie doppelt. Die vier Enden müssen für den vollständigen Fender ausreichend lang sein. Den Kern bildet ein Bündel aus vier kurzen Enden, die man mit einer dünnen Leine stramm umwickelt. Man beginnt die Ummantelung des Kerns an der Unterseite mit einem einfachen Überhandknoten. Die freien Enden wickelt man in einem einzigen Schlag diagonal um den Kern herum nach oben. Oben legt man um das Auge herum wieder einen Überhandknoten, um im weiteren die freien Parten zwischen den diagonalen Wicklungen hindurch nach unten zu flechten, genau wie beim Endspleiß. Unten verdoppelt man den unteren Knoten.

Abb. 2: Man verdoppelt nun die Flechtungen nach oben, den oberen Überhandknoten und wiederum die Flechtungen nach unten.

Abb. 3: Man verdreifacht den unteren Knoten und versteckt die Enden.

Abb. 4: Eventuell verdreifacht man die Flechtungen.

Abb. 5: Bei diesem Fender ist der Kern ein „Ball“ aus Tauwerk. Der Mantel wurde aus aneinandergereihten halben Schlägen gebildet (s.S. 28).

5

1

2

3

4

DER LÖWE KONRAD

4

Obwohl diese Figur eigentlich mit Knoten nichts zu tun hat, will ich Ihnen dieses kleine Kunstwerk nicht vorenthalten. Die Formgebung ist den kleinen vergoldeten Ruderlöwen entlehnt, die die alten holländischen Rund- und Plattbodenyachten zieren.

Abb. 1: Dies sind die Zutaten für den Rumpf und die Pfoten. Der Kopf besteht aus einem Sternknoten (S. 112). Der Schwanz ist eine verjüngte einfache Platting. Sowohl die Pfoten als auch der Schwanz werden mit einem Eisendraht verstärkt. Dadurch lassen sie sich nach Belieben biegen. Die Pfoten werden an den Rumpf genäht, und die Rückenbiegung entsteht dadurch, daß man den Rumpf etwas höher annäht als das Mittelstück der Pfoten.
Abb. 2: Die üppige Mähnenpracht von Konrad entsteht aus einer Tausendfüßlerplatting.
Abb. 3: Die aufgedröselten Garne werden hinter dem Kopf mit Takelgarn angenäht.
Abb. 4: Für Konrads Ohren wurden kurze weiße Polypropylen-Tauenden und für die Augen bzw. Nase schwarze Enden verwandt.
Und da ist nun Konrad, der frank und frei in die Welt schaut.

1a

1b

2

3

PFERDCHEN

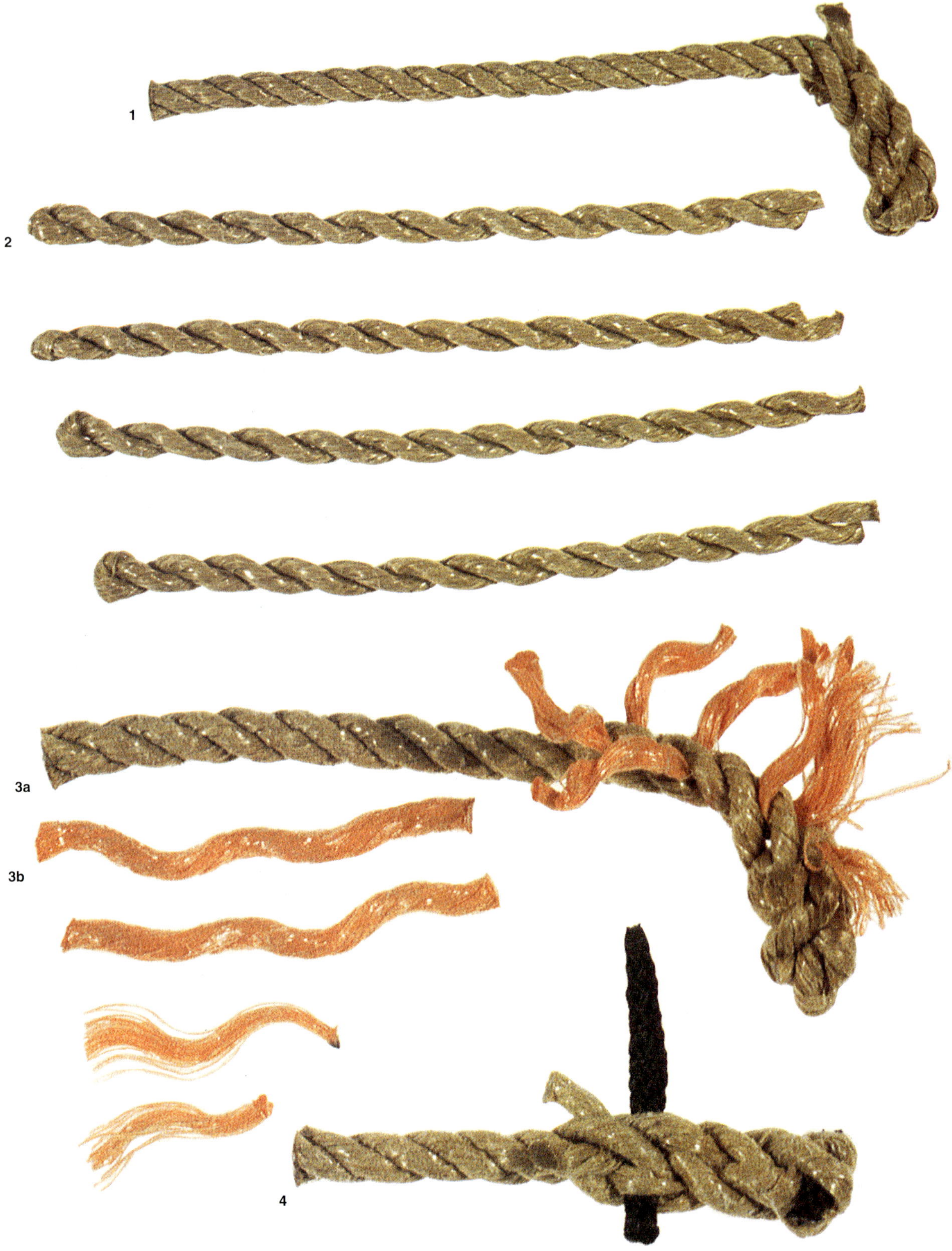
1
2
3a
3b
4

Abb. 1: Basis für den Rumpf (vom Kopf bis zum Schwanz);
Abb. 2: Die vier Enden für die Beine, mit denen teilweise der Rumpf geformt wird.
Abb. 3a und 3b: Spleißen des Kopfes durch sich verjüngenden Rückspleiß und Auskämmen der Mähne;
Abb. 4: Einstecken der Nasenlöcher und Augen aus schwarzem, geflochtenem Polypropylentau;
Abb. 5 (Unteransicht) und Abb. 6 (Draufsicht): Einsetzen der vier Beine, die von unten eingesteckt werden. Mit den oben herausragenden Enden wird der Rumpf in der Weise geformt, daß die Enden in die Rumpfpartie eingespleißt werden. Die Ohren werden aus zwei schräg geschnittenen, durchgesteckten Parten des Rückspleißes für den Kopf gebildet. Der Schwanz wird zunächst durch einen Takling am hinteren Endes des Rumpfes markiert und dann durch Aufdröseln des Tauendes geformt. Nun kann man das Pferdchen auf die Beine stellen.

Das Wichtigste bei der Anfertigung dieses Pferdchens ist, daß man seiner Phantasie freien Lauf läßt.

5

6

3

BLUME

Etwas ungewöhnlich in dieser Reihe ist die Blume, die sich allerdings aus in diesem Buch gezeigten Knoten zusammensetzt.

Abb. 1: Der Blütenkelch besteht aus einer verdoppelten, kleinen runden Kreuzknotenmatte (S. 22). Der Mittelpunkt ist ein vierpartiger Sternknoten (S. 112), bei dem das feste Ende aus einem doppelten Auge besteht. Die Knotenenden formen die Staubgefäße, und der Stempel ist aus zwei kreuzweise aufeinander stehenden Seilbuchten gemacht.

Abb. 2: Dieses Foto zeigt die Rückseite des Blütenkelches. Man sieht, wie der Stiel mit einer doppelten Bucht durch den Sternenknoten gesteckt wird. Der Stiel ist eine um ein Drahtstück geflochtene Quadratische Platting (S. 48).

Abb. 3: Die Blätter werden aus 3 mm dicker, geflochtener Polypropylenleine mit einem Drahtkern hergestellt. Und da steht die Blume in all ihrer Pracht – in Erwartung einer Pollen suchenden Biene.

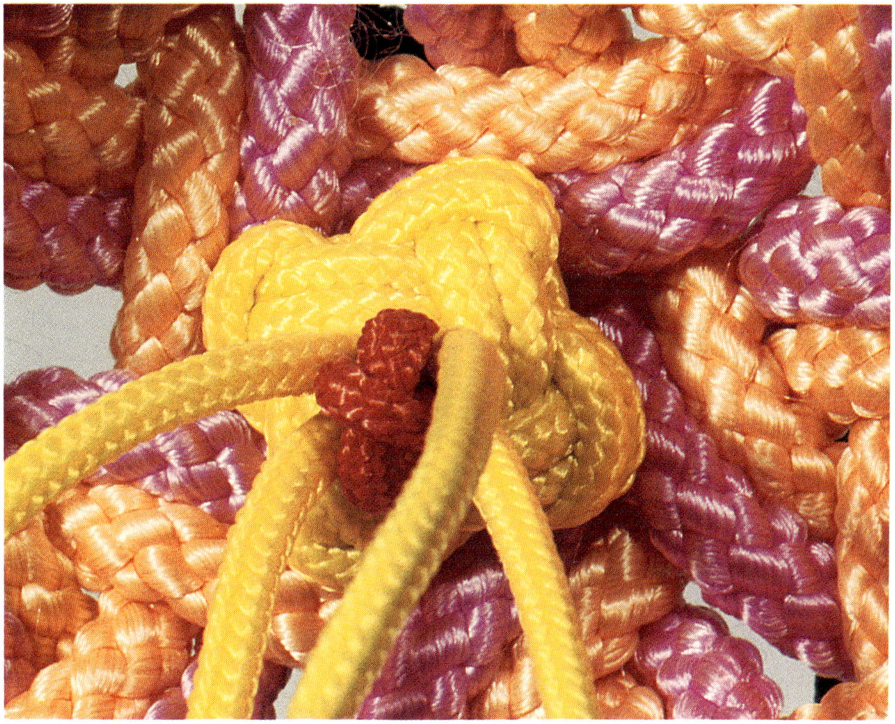

Der Blütenkelch

1

Die Rückseite des
Blütenkelches

2

BLEISTIFT-BEHÄLTER

Die Anfertigung dieses Behälters ist eigentlich sehr einfach. Der Boden wird durch eine Schnecke gebildet, die mittels quer durch die gesamte Schnecke genähtesTakelgarn in ihrer Form gehalten wird. Anschließend werden die einzelnen Spiralen, aus denen sich die Seitenwand des Behälters aufbaut, mit verdeckten oder übergelegten Stichen zusammengehalten (Abb. 1). Diese Nähtechnik kann man natürlich auch bei vielen Plattings anwenden.
Abb. 2 zeigt das fertige Produkt.
Abb. 3 zeigt einen Behälter in Form einer alten Teerpütz. Aus längeren Enden lassen sich in dieser Weise runde Teppiche, Läufer, Papierkörbe usw. anfertigen.

1

2

3

EIN FREMDER TIGER

Hier wendet man dieselbe Technik an wie beim Löwen Konrad (S. 118).

NETZE KNÜPFEN

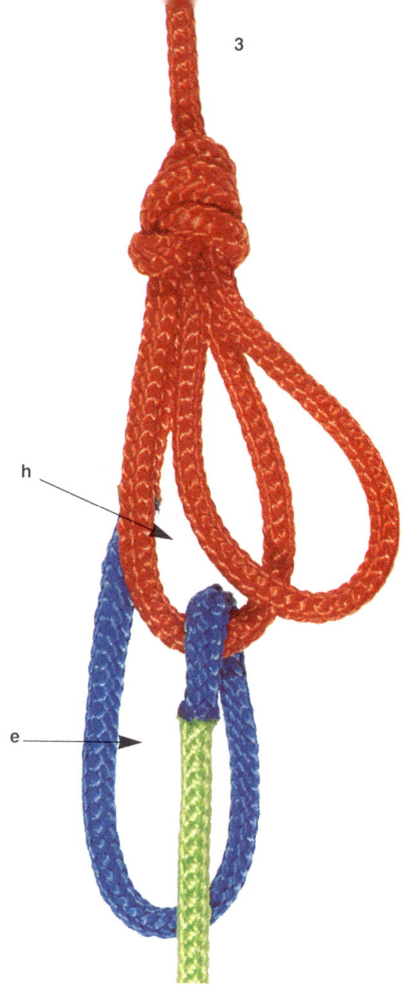

Das Knüpfen eines Netzes ist eigentlich sehr einfach, wenn man sich überlegt, daß das Netz im wesentlichen aus Schotsteken zusammengestellt wird. Folgt man von Anfang an den Abbildungen, hat man das Knüpfen bald im Griff. Leider paßte die Fotoserie nicht auf eine Doppelseite. Man braucht aber bei der Herstellung des Schotsteks lediglich einmal umzublättern.
Abb. 1 zeigt einen Teil eines Netzes, das zum Knüpfen an einem festen Punkt (P) aufgehängt wird.

DAS AUFSETZEN

Um den Vorgang deutlicher darzustellen, sind nach Möglichkeit die Bewegungen der Finger nicht im Foto festgehalten (Abb. 2 und 3).

Abb. 2: Man legt mit einer 4 mm dicken Polypropylen-Leine zwei volle Rundtörns um den Zeige- und Mittelfinger der linken Hand. Statt eines Filetstabes, der halb so breit ist wie die Masche, gebrauche ich die Finger als Maß. Mit der späteren festen Part lege man einen halben Schlag um den oberen Teil der Rundtörns und führe diese Part durch die oberen Buchten.

DER MASCHENKNOTEN

Abb. 3: Nun steckt man die Filetnadel von hinten nach vorne durch die erste Hilfsschlinge (h) und legt eine neue Schlinge (e) um zwei Finger der linken Hand. Dann macht man den Stek, wie in den folgenden Abbildungen gezeigt wird.

4

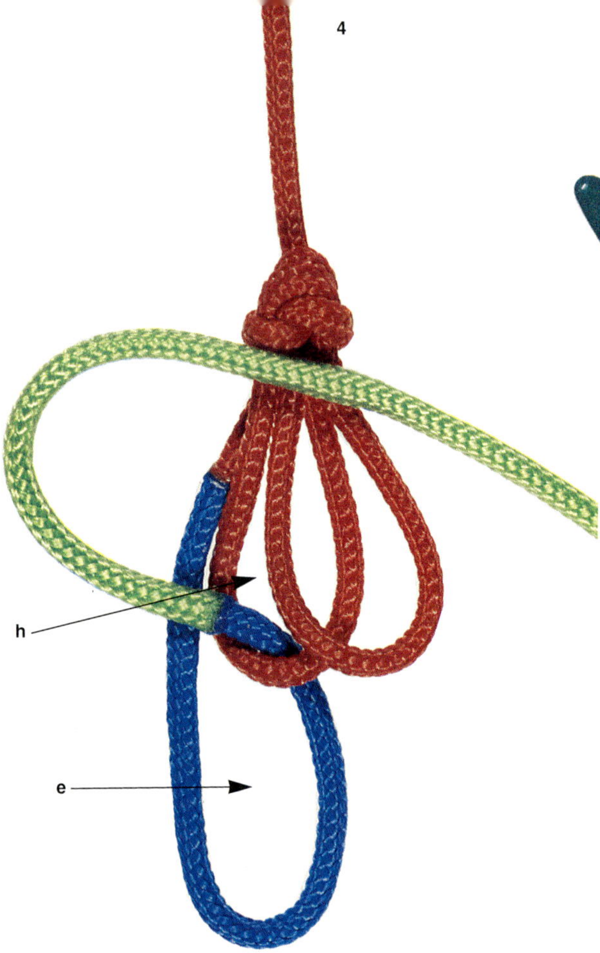

5

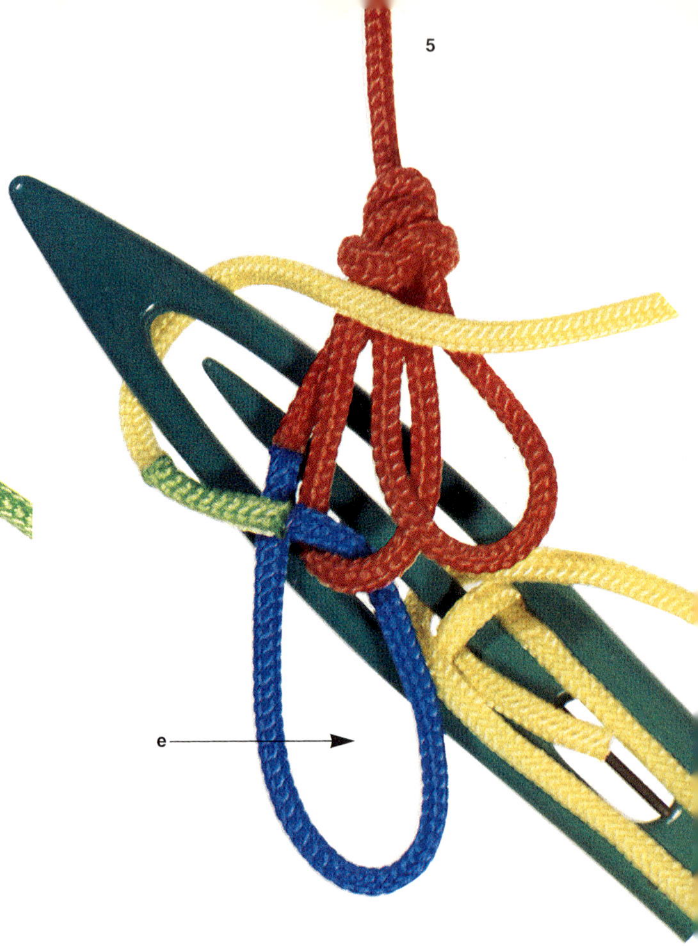

4 I

4 II

4 III

6

Abb. 4: Man hat also für die ersten Maschen das freie Ende über die Fingerspitzen (Bucht e) gelegt und legt nun eine Bucht nach oben über.
Abb. 5: Durch diese auf der Vorderseite ausgelegte weite Bucht zieht man das freie Ende, das auf der Filetnadel aufgewickelt ist, von hinten um die Schlinge h herum durch die zuvor gebildete Bucht.
Abb. 6: Zum Schluß zieht man den Netzknoten fest (s. Abb. 7).
Auf den Abbildungen 4 I – III werden die Bewegungen der Hand und der Finger gezeigt. Man erkennt die flüssige Entstehung einer neuen Masche, die genauso groß sein sollte wie die zuvor gelegte.
Abb. 4 I: Man legt um zwei Finger (Maschenweite) eine Schlaufe herum, führt das freie Ende von hinten durch die im Arbeitsgang zuvor gebildete Schlaufe und hält die Überkreuzung zwischen Daumen und Zeigefinger fest. Nun legt man eine weite Bucht, führt das freie Ende um die Schlaufe herum, steckt es durch die Bucht und zieht die Bucht und damit den Knoten zu. Der Mittelfinger hat dabei die Aufgabe, dafür zu sorgen, daß sich die Weite der Masche nicht verkleinert. Um die Anzahl der Maschen zu vergrößern, muß man – wie in Abb. 7 gezeigt – am Ende eine zusätzliche Masche legen und mit einem Knoten abschließen. Danach dreht man das Netz um 180° und beginnt wieder von links nach rechts mit der nächsten Knüpfreihe.

7

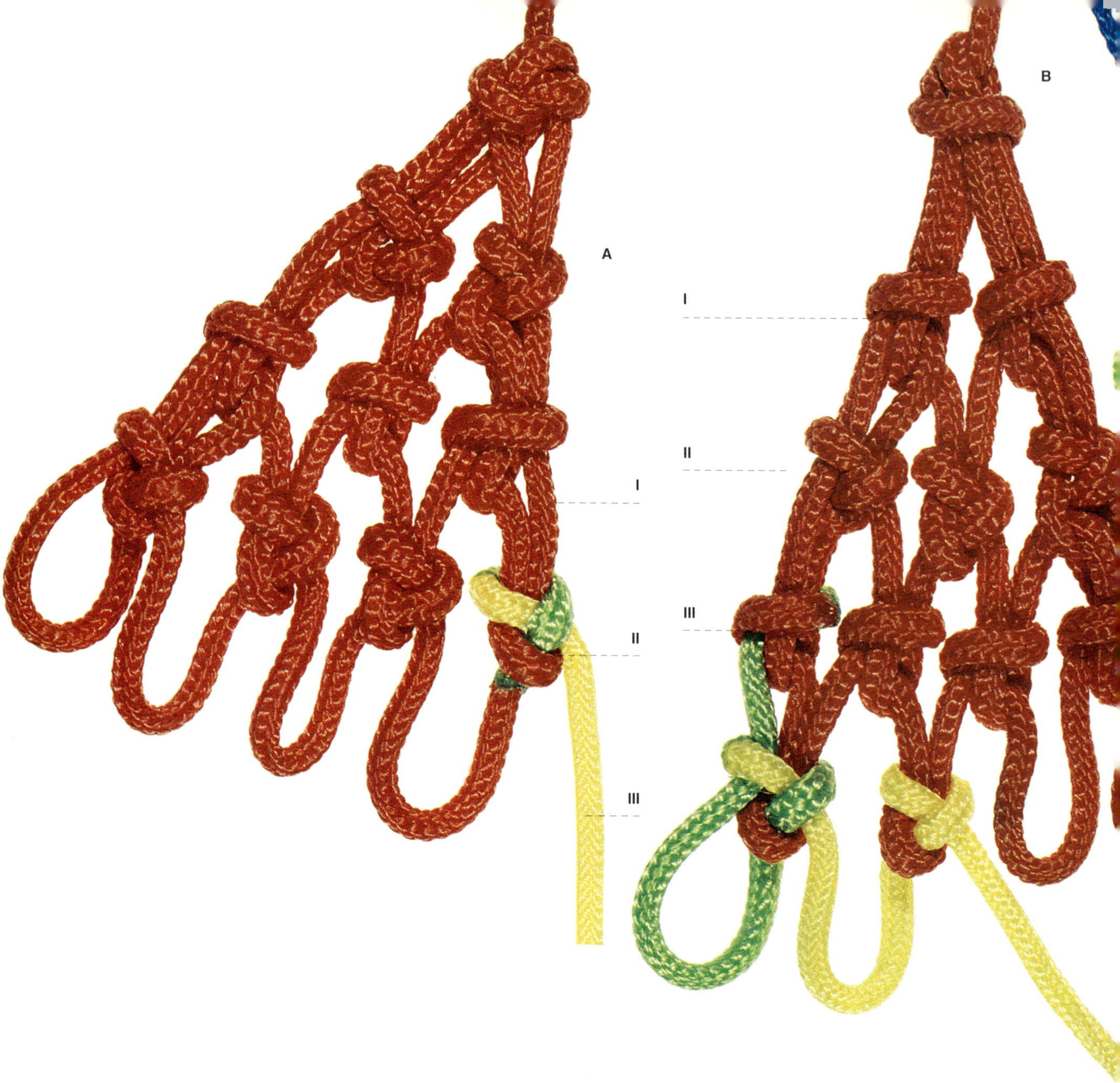

VIERECKIGES NETZ

Um ein Netz regelmäßig zu vergrößern, muß man zwischen zwei Maschen des vorausgegangenen Törns eine Erweiterungsmasche knüpfen. Durch das Drehen des Netzes nach jedem Törn liegen einmal die Knoten auf der Vorderseite (A, C), beim nächsten Törn auf der Rückseite (B, D).

Um ein Netz mit viereckigen Maschen herzustellen, muß man rechtwinklig arbeiten. Soll das Netz insgesamt viereckig werden, muß man Maschen abnehmen. Das wird in den Abbildungen A bis C deutlich. Die dritte Knüpfreihe endet mit einem einfachen Stek.

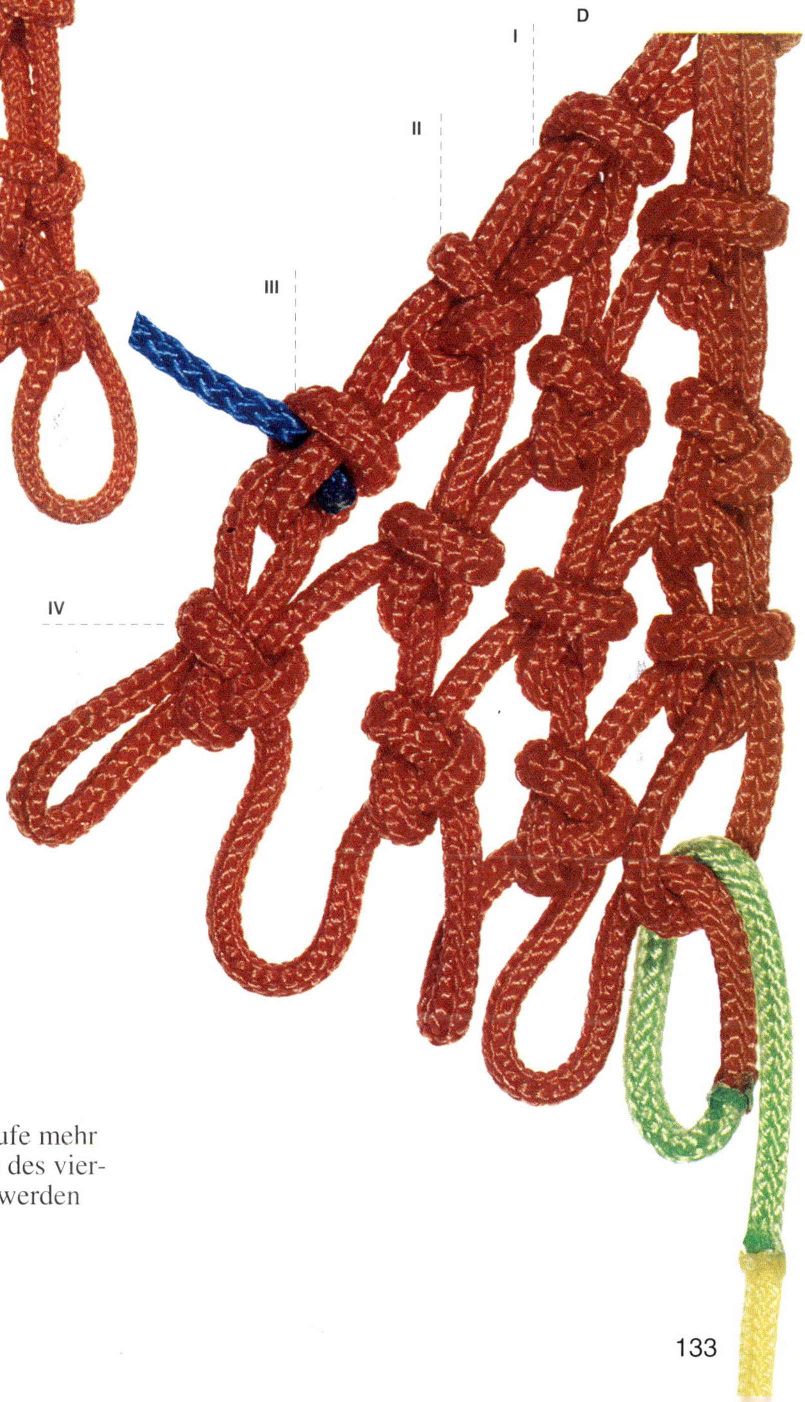

Es wird außen keine Erweiterungsschlaufe mehr gelegt. Der Knoten C 1 ist nun die Ecke des viereckigen Netzes. Die weiteren Maschen werden wie üblich geknüpft.

SCHULTERNETZ

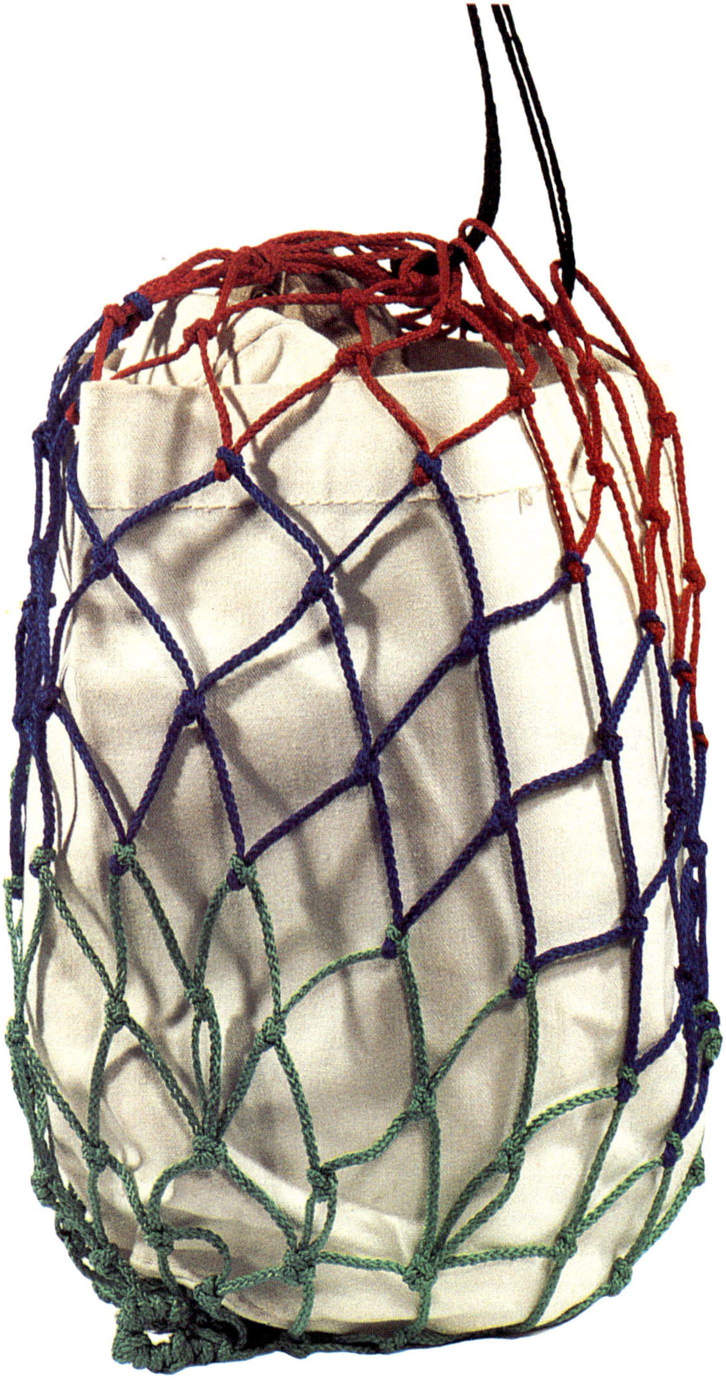

Mit der auf den vorausgehenden Seiten beschriebenen Technik kann man leicht ein Einkaufsnetz knüpfen. Die Maschengröße beträgt zwei Finger, damit die Maschen nicht zu groß werden.

Die einfachste Art, ein Schulternetz zu fertigen, läßt sich jedoch mit Hilfe eines zu einem Kreis gebogenen Weidenzweiges oder eines zusammengedrehten, steifen Drahtes herstellen. Der Ring sollte die gewünschte Öffnungsweite des Netzes haben. Um diesen Ring legt man im ersten Arbeitsgang eine große Anzahl Buchten. Im zweiten und den folgenden Umläufen knüpft man mit dem beschriebenen Stek weitere Reihen von Maschen. Um das Schulternetz nach unten hin zu verjüngen, nimmt man Maschen ab. Das gelingt, indem man nach Bedarf Schlaufen zusammenfaßt. Die letzten Maschen könnte man mit einem mehrfachen Stopperknoten verzieren. Durch die oberen Maschen steckt man einen Tragriemen, den man leicht mit einem Zierknoten versehen kann. Nun kann man das Netz von dem Ring abnehmen. Hat man das Netz mit verschiedenen Farben gestaltet, entstehen sicherlich schöne Muster.

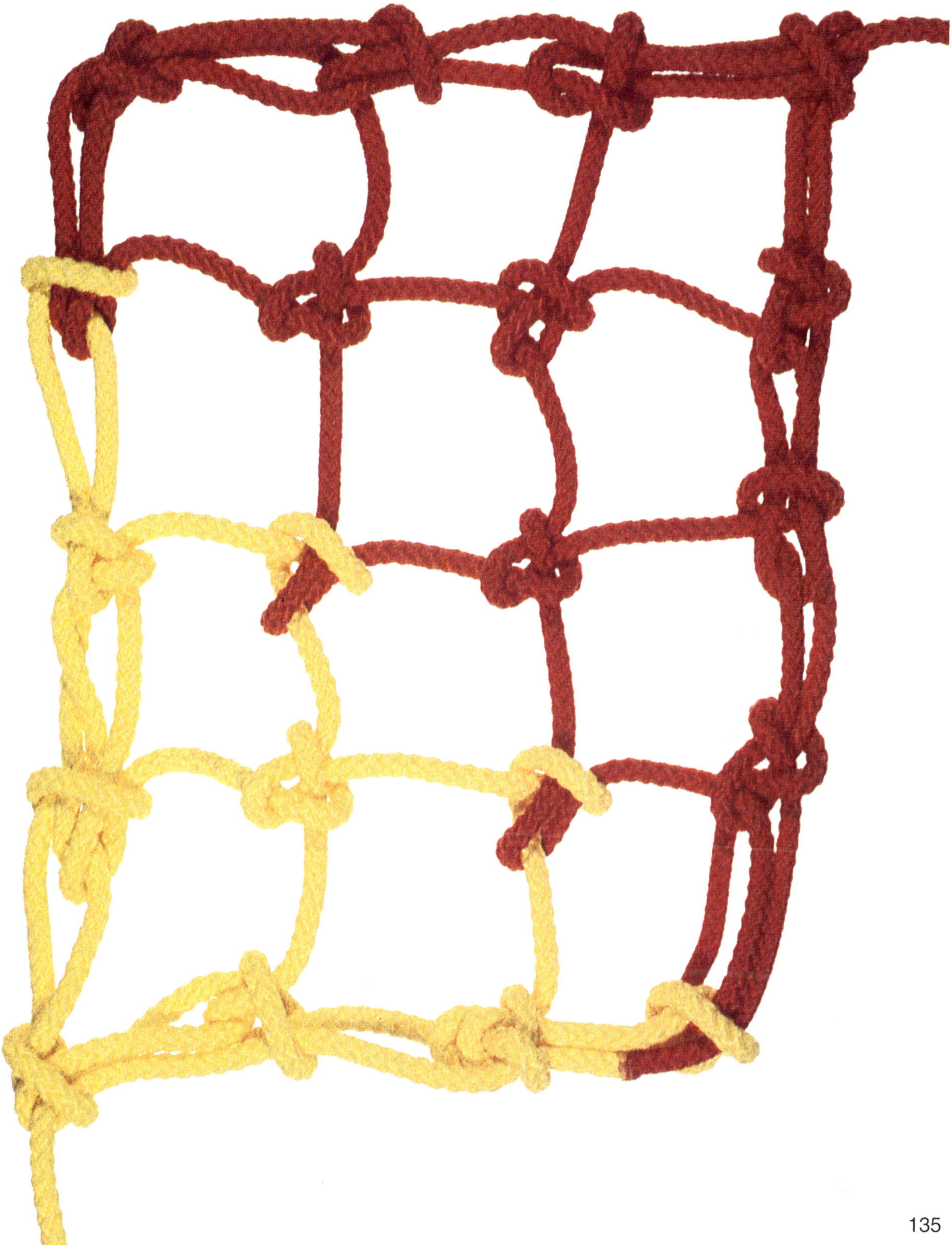

SEGELMACHERWERKZEUG

1. *Schleifstein*
2. *Segelnähgarn*
3. *Englischer Segelmacherhandschuh*
4. *Doppelfaden-Handgarn aus Flachs*
5. *Segelmacherhandschuh aus Leder (Hamburger Form)*
6. *Fitt*
7. *Pricker*
8. *Kleedkeule/Reibholz*
9. *Handteller*
10. *Messer*
11. *Wasserpumpenzange*
12. *Arbeitsschere*
13. *Doppel- und Dreifaden-Segelgarn aus Flachs*
14. *Bienenwachs zum Glätten des Garns*
15. *Handgearbeiteter Flaschenöffner*
16. *Segelhaken*
17. *Geteertes Segelnähgarn*
18. *Verschiedene Segelnadeln in einem Beutel aus Segeltuch*
19. *Nadelköcher*
20. *Zwei Spulen (gelb u. blau) mit gewachstem Polyester-Takelgarn*

◀
Segelmacherbank

SEGELTUCH NÄHEN

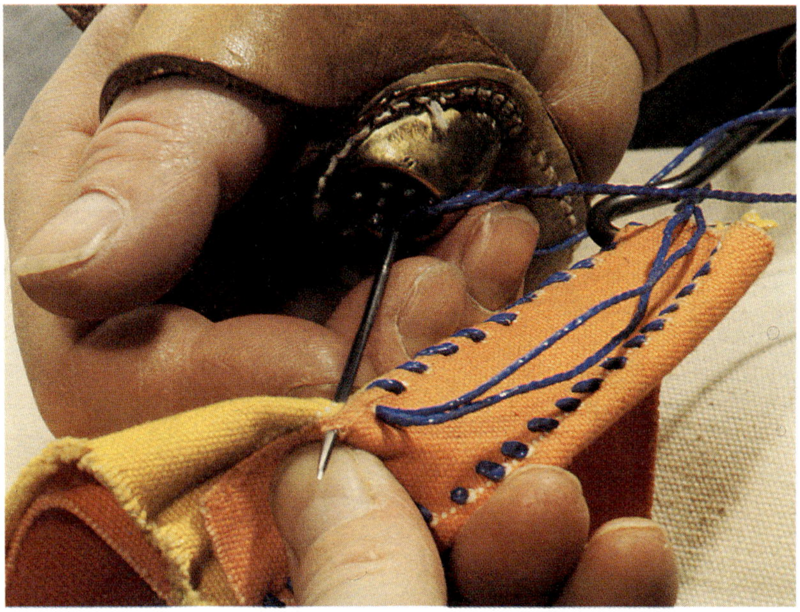

1

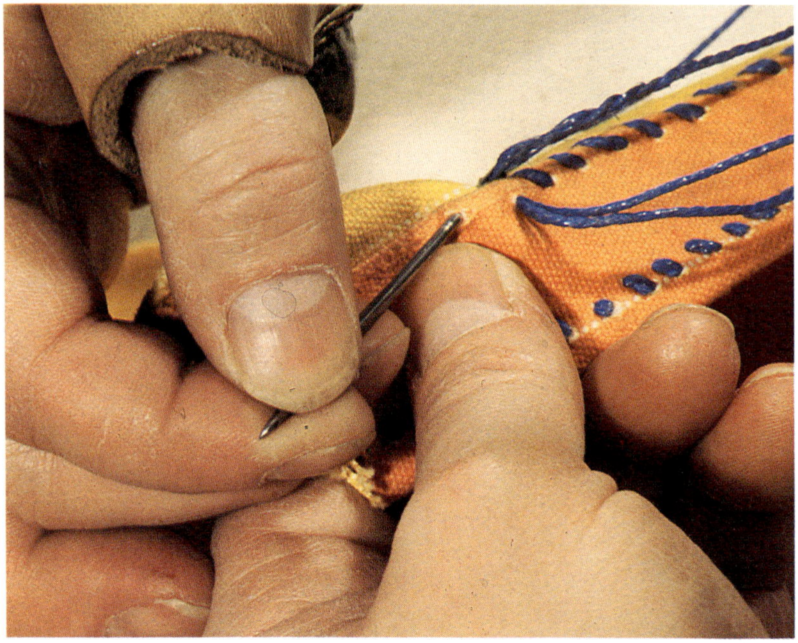

2

Zunächst einige wichtige Hinweise:
A) Eine richtige Segelnadel ist wie eine Ledernadel dreikantig, aber im Gegensatz zu der Ledernadel hat sie abgerundete Kanten. Das Hinterteil der Nadel sollte nicht spitz, sondern etwas abgeplattet sein. Die Innenseite des Auges darf nicht scharfkantig sein, damit das Garn nicht beschädigt wird.
B) Für den platten Nähstich benötigen wir eine Nadel der Größe 14 (70–75 mm) und Doppel- bzw. Dreifaden-Segelgarn oder doppelt gelegtes Doppelfaden-Segelgarn (zum Anlieken des Segeltuchs).
C) Das Garn wird gut mit Bienenwachs eingerieben. Dadurch gleitet es besser und wird vor dem Verrotten geschützt (besonders wichtig bei einer Segeltuchpütz).
D) In das Anfangsende des Garns macht man keinen Knoten, sondern befestigt es in dem Segeltuch mit einem doppelten Rundstich. Dann legt man die ersten Stiche. Das Ende des Garns legt man wieder mit Rundstichen unter die letzten Stiche.
E) Die Länge des doppelt gelegten Fadens sollte nicht länger als 60 bis 75 cm sein. Bevor man mit dem Nähen beginnt, sollte man in regelmäßigen Abständen mit einem Stift Markierungsstriche

über die Naht ziehen, damit man beim Zusammennähen ein mögliches Verrutschen der Tuchbahnen kontrollieren kann.

Abb. 1: Man näht mit der Nadel in Richtung Körper. Der Zug gegen die Nadelrichtung wird durch den Segelhaken (im Foto oben rechts) erzeugt, der an einem festen Gegenstand (Schraubzwinge oder Reelingsdraht) befestigt und in der rechten Tuchbahn eingehakt wird. Mit der linken Hand zieht man die Naht straff nach links. Bevor man einen Nahtstich ansetzt, muß man in die aufeinandergelegten Tuche eine Falte legen. Durch diese sticht man die Nadel von dick (zwei Lagen) nach dünn (1 Lage Tuch) in Körperrichtung und nimmt – wenn nötig – den Segelhandschuh zu Hilfe.
Abb. 2: Danach zieht man die Nadel nach links weg. Je glatter der Kopf der Nadel ist, desto leichter läßt sich die Nadel durch das Tuch ziehen.
Abb. 3: Man holt das Segelgarn ganz durch und zieht es mit einem kurzen Ruck gegen die Zugrichtung des Segelhakens fest – aber nicht zu fest, damit keine unnötigen Falten entstehen.
Abb. 4: Normalerweise macht man 8 - 10 Stiche pro Nadellänge.

3

4

ANLIEKEN

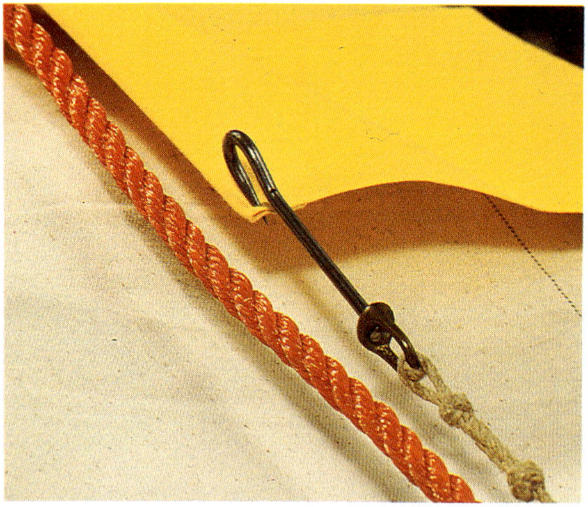

1

Man setzt sich so auf eine Segelmacherbank, daß rechter Hand ein Ständer oder ein in ein Loch gesteckter Hohlpfriem ist, an dem man den Segelhaken befestigen kann.

Abb. 1: Mit der linken Hand legt man das Segeltuch auf das kinkenfreie, leicht gespannte Liektau und zieht das Tuch nach links gegen den Zug des Segelhakens straff.

Abb. 2: Man sticht die Nadel zwischen den Keepen von zwei Kardeelen hindurch (also nicht durch die Kardeele, sondern um sie herum) und dann durch das Segeltuch (etwa eine halbe Taustärke vom Saumrand entfernt).

Abb. 3: Man holt das Takelgarn durch und zieht es am Ende mit einem kurzen, kräftigen Ruck fest, so daß das Garn das Segeltuch in der vorherigen Keep eng auf das Tau zieht. Der Abstand der Stiche richtet sich nach der Stärke des Taus. Eine Richtschnur ist: 4 - 5 Stiche pro Nadellänge.

Abb. 4: An wichtigen Belastungsstellen wie Nähten, Verstärkungen, Spleißen und Legellöchern wird das Segeltuch mit Kreuzstichen auf dem Liektau festgenäht. Der Grummetstropp bei der Segeltuchpütz auf S. 143, Abb. 4, ist größtenteils mit Kreuzstichen festgenäht. Man setzt die Stiche so an, wie hier auf Abb. 3 zu sehen ist, holt die Nadel über Tuch und Tau zurück und steckt sie durch dieselbe Keep und dasselbe Loch im Tuch. Da das Garn nun quer über die Kardeele verläuft, kann man es nicht straff genug festziehen. Eventuell braucht man dazu eine Kleedkeule oder eine Spitzzange, bei der die scharfen Backen rund geschliffen wurden, damit das Segelgarn nicht verletzt wird.

Abb. 5: Man wickelt dicht über dem Tuch das Takelgarn zwei- bis dreimal um den sechs bis achtkantigen Stiel der Kleedkeule. Dreht man nun die Kleedkeule wie eine Zurrwinde, werden Tuch und Tau stramm aufeinander gezogen.

Mit der Zange geht es noch etwas leichter, weil das Umwickeln der Kleedkeule entfällt. Man sollte jedoch nicht zu kräftig drehen, weil sonst das Takelgarn reißt.

Gelegentlich muß man, um die Nadel durchführen zu können, mit einem Marlspieker die Keepen auseinanderdrücken, weil das Tau zu hart geschlagen ist.

2

3

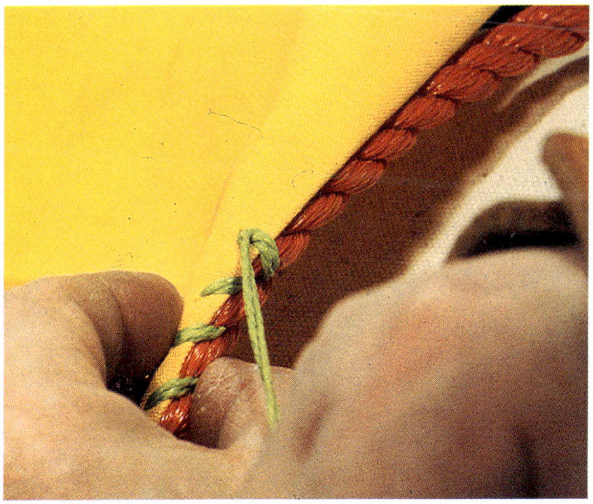

4

5

ANFERTIGEN EINER PÜTZ AUS SEGELTUCH

Um eine Segeltuchpütz zu fertigen, sind folgende Arbeiten notwendig: 1. Ösen für den Henkel anfertigen, 2. Gatchen in das Segeltuch nähen, 3. Versteifungen für den Ober- und Unterrand annähen, 4. einen Henkel fertigen und 5. Zusammenfügen der Teile.

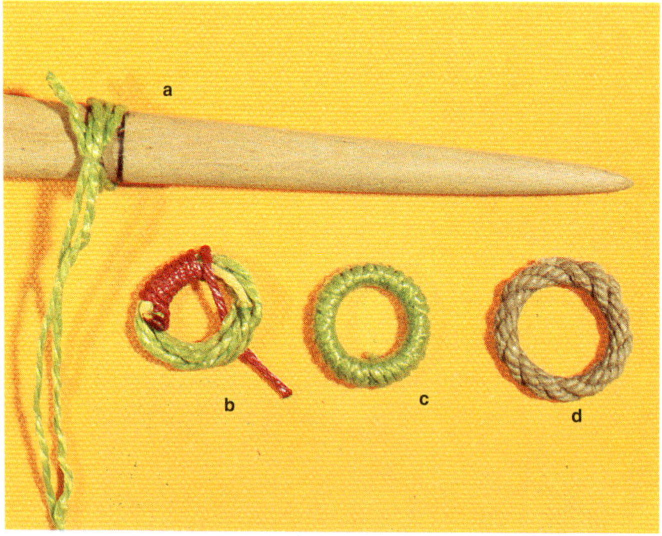

1

Abb. 1: Anfertigung der Ösen:
Will man mehrere Ösen gleicher Größe herstellen, markiert man auf einem Fitt (a) den inneren Durchmesser für die Ösen, legt mehrere Schläge Garn um den Fitt, umwickelt diese Schläge mit engen Windungen (b und c) und vernäht das Ende des Garns in die nun fertige Öse. Statt einer derart gefertigten Öse kann man auch einen Grummetstropp verwenden (d).

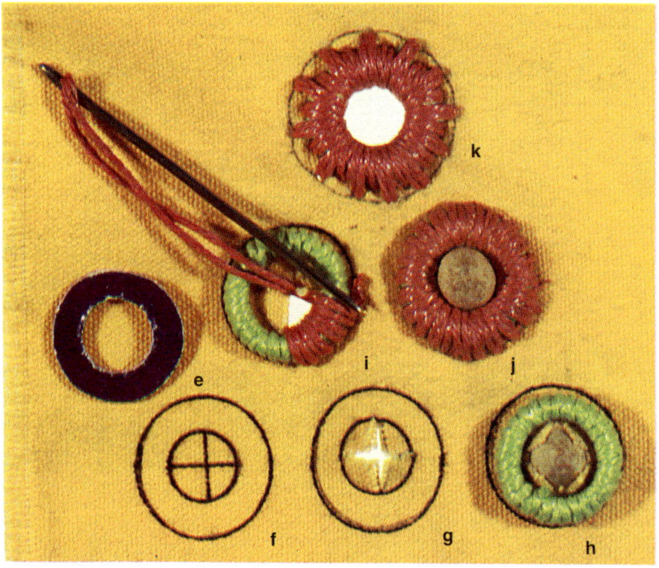

2

Abb. 2: Gatchen in das Segeltuch nähen:
Man legt die gefertigte Öse (e) an der Stelle auf das Segeltuch, an der das Gatchen entstehen soll, umfährt mit einem Markierungsstift die Öse (f) und durchschneidet kreuzweise den inneren Markierungskreis mit einem Messer (g). Dann sticht man durch den inneren Kreis und die Öse einen Fitt (h), damit die beim Aufschlitzen des inneren Kreises entstandenen Segeltuch-Dreiecke sich fest an die Öse schmiegen. Nun näht man die Öse mit vielen engen Stichen an das Segeltuch (i und j).

Abb. 3: Die Henkel lassen sich ebenfalls aus Grummetstropps fertigen – einmal in Stielform (l und m), wobei man später die „Stiele“ ineinanderspleißt, oder in Brillenform (n). Zusammenfügen der Teile: Nachdem man die Segeltuchstücke zu einer Pütz zusammengenäht hat (S. 138), verstärkt man den Ober- bzw. Unterrand der Pütz mit Grummetstropps. Der Grummetstropp am Oberrand wird mit Kreuzstichen an der Außenseite befestigt, damit der Grummetstropp nicht zu feucht wird und der Wasserabfluß beim Ausschütten nicht gestoppt wird. Der Grummetstropp an der Unterseite der Pütz wird nicht mit Kreuzstichen befestigt, weil das vorstehende Garn zu schnell schamfielen würde. Ob man die Grummetstropps mit Eisendraht oder Stahlkabel verstärkt, hängt zum einen von der Größe und zum anderen von der Verstauungsmöglichkeit ab. Bei einem Takelbeutel, einem Seesack oder einer Schultertasche braucht man solche steifen Ringe wohl nicht. Den Henkel sollte man mit schönen Endknoten verzieren. Nach einem alten Brauch muß die Salzwasserpütz mit einem Doppelten Wandknoten (S.86) und die Süßwasserpütz mit einem Echten Liebhaberknoten (S.89) versehen werden. In der Mitte des Henkels (Abb. 4) kann man ein Auge takeln, durch das man das Holeseil zieht.

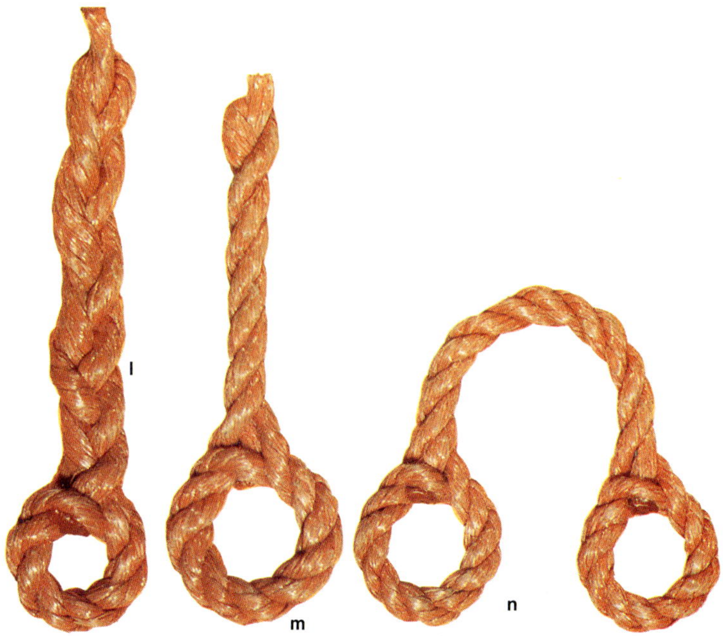

3

ANFERTIGEN EINES BEUTELS AUS SEGELTUCH

Für das Anfertigen dieses Beutels, der etwa 32 cm hoch sein und einen Durchmesser von 25 cm haben soll, braucht man ein Segeltuchstück von 82, 5 cm Länge (78 cm Umfang + 4 cm Umschlag) und 39 cm Breite (32 cm + 2 cm für die Bodennaht + 5 cm für den oberen Saum). Das Bodenstück muß einen Durchmesser von 27 cm haben (25 cm + 1 cm Saumbreite an den Enden des Durchmessers).
Als erstes näht man das rechteckige Segeltuchstück mit doppeltem Heftstich zu einem Zylinder zusammen. Bei dem doppelten Heftstich sticht man die Nadel von oben nach unten durch die beiden Lagen Segeltuch hindurch und nach etwa 5 mm wieder von unten nach oben. Am Ende der Naht sticht man durch den letzten Einstich in entgegengesetzter Richtung der schon bestehenden Naht und gelangt wieder auf den Ausgangspunkt der Naht. Ob man vor dem Zusammennähen der Seitenfläche und des Bodens die Tuchstücke einsäumt, hängt im wesentlichen von der Qualität des verwendeten Tuches ab.

Den Boden näht man am besten in der Weise an, daß man zuvor im Abstand von 1 cm den unteren Saum des Zylinders markiert und im gleichen Abstand eine Linie entlang des runden Bodenstückes zieht. Man legt die beiden Markierungslinien aufeinander und zieht durch diese Linien die Naht. Je weiter die Naht fortschreitet, desto mehr formt und schließt sich der Beutel. Dreht man nun den Beutel auf links, liegen die Nähte innen. Anschließend schlägt man den oberen Saum um und befestigt ihn ebenfalls mit doppeltem Heftstich. In den oberen Saum kann man nun sechs oder acht Gatchen einnähen, durch die man 4 mm dicke, farblich abgesetzte Leinen zieht. Aus diesen sechs oder acht Leinen flicht man eine Platting zu einem Schulterriemen und zieht darüber einen verschiebbaren Türkischen Bund, mit dem man die Öffnung des Beutels verengen kann.

TAKELBEUTEL

An diesem Takelbeutel befinden sich an der Außenfläche Einstecktaschen für Werkzeuge. Der Boden ist aus einem runden Brettchen, an das gedoppeltes Segeltuch mit kupfernen Ziernägeln angenagelt wurde. Im oberen Saum ist innen ein Grummetstropp eingenäht, und der Henkel wurde auf beiden Seiten mit Zierknoten versehen.

GLOSSAR

Ankerstopper
aus Tau hergestellte Vorrichtung zum Festsetzen der Ankerkette

anlieken
ein Segel an seinen Lieken (Rändern) mit einem Liektau versehen. Das Annähen heißt Anlieken

Auge
entsteht, wenn man ein Ende so legt, daß es sich selbst überschneidet

Bändsel
kurzes und dünnes Ende zum Festmachen der Parten oder Kardeele

Bucht
ein in Haarnadelform gelegtes Ende

Ende
abgepaßtes Stück Tauwerk

Fitt
schlanker, konischer Zapfen aus Holz zum Spleißen

Filetnadel
aus Knochen, Metall oder Buchsbaum gefertigtes Schiffchen, das eine Menge Netzgarn aufnehmen kann

Filetstab
zum Netzeknüpfen, aus dünnem, festem Holz, an den Kanten dünner als in der Mitte

Jungfer
platte, runde Hartholzscheibe mit drei Löchern, die wie eine Rundkausch in die Wanten eines Großseglers eingespleißt wird

Kardeel
deutlich sichtbare Part einer geschlagenen Trosse

Kausch
Öse aus Metall, Holz oder Kunsstoff mit rillenförmigem Querschnitt für Faser- oder Drahttauwerk

Keep
Rille zwischen den Kardeelen eines geschlagenen Taus

Kleedkeule
hölzernes, hammerförmiges Werkzeug, mit einer in Längsrichtung ausgesparten Rille im Hammerkopf. Die Rille wird auf das Tau gelegt. Um den Stiel der Keule wird mit einigen Rundtörns das Kleedgarn gelegt. Dreht man nun die Kleedkeule um das Tau, kann das Kleedgarn wie bei einem Takling kontrolliert und mit der gewünschten Spannung um das Tau gelegt werden.

Königsspeiche
Speiche des Steuerrades, die senkrecht nach oben steht, wenn das Ruder mittschiffs liegt

Legelloch
Loch im Vor- bzw. Unterliek des Segels, in das ein eingedrehter Stropp gezogen wird. In dem Auge des Stropps kann eine Kausch befestigt werden.

Leitwagen
niedriger breiter Bügel aus Rundeisen quer zur Schiffsrichtung zum Versetzen des Angriffspunktes der Großschot. Vorläufer der Travellerschiene auf modernen Yachten

Liektau
Tau, das zur Verstärkung an die Lieken des Segels genäht wird

Part
im allgemeinen besteht ein Tau aus drei bzw. vier ineinandergedrehten oder aus acht geflochtenen Parten

Pferd
Fußseil unter der Rah, auf dem die Matrosen bei der Arbeit an den Segeln stehen

Pferdeknoten
spezieller Knoten auf dem Fußpferd, der das Ausrutschen verhindern soll

Pünt
Reffbändsel als Flachplatting geflochten und zu den Enden hin sich verjüngend

Pütz
Eimer aus Segeltuch oder Plastik mit Fangleine

Rah
langes Rundholz aus Holz oder Stahlrohr, das quer zu einem Mast befestigt wird und an dem ein rechteckiges Segel angehängt wird

räumen
mit dem Fitt ein genähtes Loch ausweiten und in Form bringen

Rundtörn
entsteht, wenn ein Ende einen vollen Kreis um einen Gegenstand beschreibt

schamfielen
scheuern, reiben und dadurch beschädigen

Schotblock
Rollenblock zum Führen einer Schot

Schwieping
ein dünn auslaufendes, geflochtenes Stück Tau, das die Ankerkette sichert

Segelplatte
Fingerhut des Segelmachers. Metallplatte auf einem ledernen Handschuh

Sorgleine
Verbindungsleine zwischen einem Befestigungspunkt an Deck und einer Person oder einem Gegenstand (Strecktau - Seemann, Klampe - Ankerkette)

Springpferd
senkrechte Leine zwischen der Rah und dem Pferd

Takling
Umwicklung der Kardeele bzw. Parten mit Takelgarn

Tampen
äußerstes Stück eines Endes

Taljereep
besteht aus zwei Jungfern und funktioniert wie ein Wantenspanner

trensen
die Keep eines Seils mit einer Leine ausfüllen

verjüngen
eine Leine durch Herausnehmen und Abschneiden von Garnen dünner machen

Want
Trosse aus Faser- oder Drahttauwerk, mit der der Mast quer zur Schiffsrichtung abgespannt wird

Wellenpackung
zur Abdichtung der Schraubenwelle im Wellenlager (Stevenrohr)

Zeising
kurzes Ende von Tauwerk, Bänder oder vernähte Segeltuchstreifen zum Zusammenbinden (zeisen) eines aufgetuchten Segels

zwirnen
zwei oder mehrere Fasern gesponnenes Garn so ineinanderdrehen, daß ein Garn gebildet wird

INTERNATIONAL GUILD OF KNOT TYERS

Die „International Guild of Knot Tyres“ wurde 1982 in London als Vereinigung von Leuten gegründet, die sich im weitesten Sinne des Wortes für alles interessieren, was mit Knoten, Knotentechniken und der Geschichte des Tauwerks zu tun hat. Man hatte sich zum Ziel gesetzt, einen weltweiten Mitgliederbestand zu bekommen. Diese Idee wurde sehr gut aufgenommen. Während der 12 Jahre ihres Bestehens ist die „Guild“ zu einem Verband mit gut 600 Mitgliedern angewachsen. Es haben sich Leute aus den unterschiedlichsten Kreisen zusammengefunden: Seeleute, Fachärzte, Elektrotechniker, Takler, Künstlerinnen im Sticken, Pferdegeschirrmacher usw. Und sie kommen aus der ganzen Welt, u.a. von den Faröer-Inseln, aus Japan, Amerika, Tasmanien, Skandinavien.

Die wichtigsten Bande unter den Mitgliedern der „Guild“ sind die brieflichen Kontakte untereinander und die vierteljährlich erscheinende Zeitschrift „Knotting Matters“. Sie ist eine Fundgrube für nützliche und unnütze Dinge, mit neuesten, aber auch bereits bekannten Informationen. Sie wird gern gelesen und regt zu lebhaften Diskussionen, neuen Erkenntnissen und Inspirationen an. Daneben veröffentlicht die „Guild“ regelmäßig Handbücher und Postkarten zu den unterschiedlichsten Tauwerk-Themen.

Der Sachkenntnisstand der Mitglieder ist sehr unterschiedlich. In der Gilde gibt es sowohl Anfänger als auch Spezialisten. Aber alle haben ein gemeinsames Thema und die gleiche Leidenschaft: den Spaß an Fancywork.

Wohl schon lange Zeit vor der Erfindung des Rads müssen unsere frühen Vorfahren das Knotenmachen entdeckt haben. Schließlich mußten sie Angelhaken an Leinen befestigen, Haustiere und Vieh anleinen, Hütten bauen, Zelte errichten und Boote vertäuen. Und selbst heute, weit nach der Erfindung des Rades und im Zeitalter hochstehender Technologie, müssen wir bei den unterschiedlichsten Anlässen Knoten machen, nicht nur beim Zubinden unserer Schuhe. Der Chirurg und selbst der Astronaut wenden noch Knoten bei ihren Aufgaben an. Es gibt Tausende bekannte und praktische Knoten und für jeden Bereich noch spezielle, wie fürs Bergsteigen, Korbflechten, Segeln, in der Zirkusakrobatik, beim Gerüst- und Brückenbau usw. Zudem hat die Entwicklung von immer neuen Kunstfasern die Möglichkeiten und den Einsatzbereich ständig erweitert. Für die modernen Fasertauwerke müssen oft neue Verbindungs- oder, besser gesagt, Verknüpfungstechniken entwickelt werden. Somit ist und bleibt der Umgang mit Knoten aus beruflichen Gründen oder als Fancywork immer faszinierend.

Studenten, Tester oder Hobbyisten finden in dem Archiv der Gilde vielerlei Hilfen bei ihren Untersuchungen oder Vorhaben.

Schreiben Sie an:

Floris Hin
Nieuwendammerstraat I
1023 AA Amsterdam
Niederlande

QUELLENVERZEICHNIS

Knots. A Study of Marlinspike Seamanship
A.F. Aldridge
The Rudder Publishing Company, New York 1918

Das Ashley-Buch der Knoten
Clifford W. Ashley, Übersetzung Gerhard Meyer-Uhl
Edition Maritim, Hamburg 1982

The Ashley Book of Knots
Clifford W. Ashley
Faber and Faber, London 1967

Celtic Knotwork
Ian Bain
Constable, London 1986

Braiding and Knotting for Amateurs
Constantine A. Belash
The Beacon Press, Boston, Mass. 1943

Sailors' Crafts
Bill Beavis
Allen & Unwin, London 1981

L'Art des Noeuds
Marc P.G. Berthier
Gallimard, Paris 1984

The Art of Knots
Marc P.G. Berthier
Doubleday, Garden City, New York 1977

The Art of Rigging
Capt. George Biddlecome
Edward W. Sweetman, New York 1969
Reprint of the 1848 writer's own edition

Seemannschaft
Th. Bothmann
Verlag Hermann Kampen, Hamburg 1935

Sling Braiding of the Andes
Adele Cahlander
Weaver's Journal Monograph IV, Colorado Fiber Center, Boulder 1980

Chinese Knotting
Lydia Chen & Editors of Echo Books
Echo Publishing, Taipei 1982

Praktikale Zeevaartkunde en Theoretische Kennis, voor Handel en Scheepvaart
Pieter leComte
Amsterdam 1842

Seemännische Handarbeiten
Hans Fehre
Eckardt & Messtorff, Hamburg 1922

A Single Strand Celtic Cross
B. Field
Eigenverlag 1991

Brian E. Field's Breast-Plate Designs
Brian E. Field
An International Guild of Knot Tyers Publication, England 1985

Das große BLV-Knotenbuch
Eric C. Fry
BLV-Verlag, München 1993

Encyclopedia of Rawhide and Leather Braiding
Bruce Grant
Cornell Maritime Press, Centreville, Maryland 1984

Creative Ropecraft
Stuart E. Granger
G. Bell & Sons, London 1975

Ropefolk
Stuart Granger
An International Guild of Knot Tyers Publication, 1986

Turkshead Alternatives: Decorative Chain Grommets
Stuart E. Granger
An International Guild of Knot Tyers Publication, 1991

Encyclopedia of Knots and Fancy Rope Work
Raoul Graumont & John Hensel
Cornell Maritime Press, Centreville, Maryland 1970

Square Knot Handicraft Guide
Raoul Graumont and Elmer Wenstrom
Cornell Maritime Press, Centreville, Maryland 1949

Het Vuurtoren Knoopje
Pieter van de Griend
Århus 1993

The Wee Light House Knot
Pieter van de Griend
Århus 1993

The Harrison Book of Knots
P.P.O. Harrison
Brown, Son & Ferguson, Glasgow 1964

The Book of Ornamental Knots
John Hensel
Charles Scribner's Sons, New York 1973

Knoten, Fancywork und Spleiße
Hin/Kampa/Hille
Delius Klasing, Bielefeld 1989

Handbuch der praktischen Seemannschaft auf traditionellen Segelschiffen
Jens Kusk Jensen
RKE-Verlag, Kiel 1989

Purjelaivakauden Koysimatot/Segelfartygsepokens Repmattor
Arvo Kinnunen
Finnish Seamen's Service, 1988

Handboek voor de Zeemanschap
Koninklijk Instituut voor de Marine te Willemsoord, Den Helder 1929

Knots
R.D. Laing
Penguin, London 1971

Creatief met touw
Kaj Lund
Hollandia, Baarn 1978

Kumuhimo. Japanese Silk Braiding Techniques
Basic Marudai Braids
Catherine Martin
Old Hall Press, Hatfield 1986

1. Celtic Design: Knotwork - The Secret Method of the Scribes
2. Celtic Design: A Beginner's Manual
Aidan Meehan
Thames and Hudson, London 1991

350 knopen; voor macrame, schiemanswerk en vlechtwerk
Hetty Mooi
Cantecleer, De Bilt 1974

Werken met touw
Lotte Marie van Oordt
Cantecleer, Utrecht

Allgemeines Wörterbuch der Marine
J.H. Roding
Licentiat Nemnich, Hamburg 1793/1798
Herdruk Graphic Publisher, Amsterdam 1969

Knots: Useful and Ornamental
George Russell Shaw
Bonanza Books, New York

Marlspieker-Seemannschaft
Hervey Garrett Smith
Edition Maritim, Hamburg 1985

Knoten, Spleißen, Takeln
Erich Sondheim
Delius Klasing, Bielefeld 1992

Knots, Splices and Fancy Work
Chas. L. Spencer
Brown, Son & Ferguson, Glasgow 1958

Steel's Elements of Mastmaking, Sailmaking and Rigging
David Steel, 1794
Edward W. Sweetman, New York 1932

Knots and Netting
Irene Waller
Studio Vista, London 1976

Braiding Rawhide Horse Tack
Robert L.Woolery
Cornell Maritime Press, Centreville, Maryland 1985

REGISTER